Eigenstaatlichkeit

Das Recht auf staatliche Unabhängigkeit als politisches Konstrukt unter besonderer Beachtung der bayerischen Situation

von
Jürgen Carstensen
Sophie Lengerich

2. Auflage

Text Copyright © 2014
Jürgen Carstensen, Sophie Lengerich

Alle Rechte vorbehalten

Inhaltsverzeichnis

Vorwort..6

A. Einleitung..9
    1. Definition...9
    2. Eingrenzung des Themas...9
    3. Historische und aktuelle Beispiele..13
    4. Darstellung der Quellenlage..16

B. Richter und Denker...19
    1. Rechtsphilosophie..19
        a) Antike...19
        b) Hobbes...20
        d) Grotius...20
        e) Althusius..21
        f) Calhoun..22
        g) Dahrendorf..23
    2. Normen des Internationalen Rechts..24
        a) Wilsons Vierzehn Punkte..24
        b) KSZE-Schlussakte von Helsinki.....................................26
        c) UN-Charta...27
        d) Art. 27 IPbürgR...28
    3. Urteile..29
        a) US Supreme Court...29
        b) Alaskan Supreme Court..29
        c) International Court of Justice..30
        d) Teso-Entscheidung..30

C. Unabhängigkeitserklärungen..34

    1. Declaration of Arbroath (Schottland, 1320)..............................34
    2. Declaration of Independence (USA, 1776)................................34
    3. Ordinance of Secession (South Carolina et al., 1860)................35
    4. Unilateral Declaration of Independence (Rhodesien, 1965)......37
D. Recht auf Sezession..40
    1. Allgemeines Recht auf Sezession..40
        a) Selbstbestimmungsrecht der Völker.....................................40
        b) Prospektive Staatlichkeit...42
        c) Theorie des Bundesvertrags..44
        d) Theorie der organischen Äquivalenz...................................45
        e) Demokratisch-rechtlicher Ansatz...47
        f) Entrechtlicht-politischer, demokratisch-faktischer Ansatz......47
    2. Mögliche Argumente einer bayerischen
    Unabhängigkeitserklärung..47
        a) Inkorporation internationalen Rechts (Art. 25 I GG)..............47
            (1) Bestehen eines Sezessionsrechts nach internationalem
            Recht..48
            (2) Einschränkbarkeit des Sezessionsrechts...................48
            (3) Einschränkung durch das Grundgesetz....................49
            (4) Ergebnis..55
        b) Umkehrung des Beitritts..55
        c) Länderneugliederung durch Ausgliederung.........................56
        d) Beschränkte Bundeskompetenz..56
        e) Auflösend bedingter Beitritt...57
        f) Theorie der Freiwilligkeit..58
        g) Ergebnis...61
    3. Gegenargument: Recht auf territoriale Integrität......................61
E. Ergebnis..67

Vorwort

Internationale Politik in den vergangenen Jahrzehnten ist ohne Sezessionen nicht denkbar. Ohne das Wegbrechen zahlreicher Staaten aus bestehenden Bünden und Reichen wäre die Welt heute eine völlig andere.

Die Arten, wie Staaten ihre Unabhängigkeit erlangt haben, sind dabei ganz unterschiedliche: Manche durch Krieg, andere völlig friedlich. Nicht selten gegen den Willen des Reststaates, oft aber auch mit dessen Billigung. Die allermeisten aus eigenem Antrieb, einige (wie Singapur) unfreiwillig. Fast alle sind selbständig geblieben, ganz wenige (wie die südafrikanischen Bastustans) sind ins Mutterland zurückgekehrt.

Aber auch die Voraussetzungen differierten: Einige sind als Gliedstaaten aus einem Bund ausgeschieden, andere Regionen haben einem starken Zentralstaat den Rücken gekehrt. Manche gründen auf Jahrhunderte eigener Geschichte, manche haben sich erst durch die Zufälle der Weltgeschichte als eigene Nationen herausgebildet.

Unabhängig von diesen politischen Gegebenheiten hat sich doch oft eine Frage gestellt: Ist diese Sezession, ist die Sezession im allgemeinen überhaupt zulässig?

Diese Frage versuchen wir durch dieses Buch zu beantworten. Da es sich um ein juristisches Thema handelt, ist dies ohne rechtswissenschaftliche Aspekte freilich kaum möglich. Wir haben uns jedoch bemüht, die juristische Fachsprache so behutsam wie möglich einzusetzen. Dieses Werk richtet sich an Fachleute wie an interessierte Laien gleichermaßen.

Wir versuchen, uns nicht so sehr im Dickicht völkerrechtlicher Theorien und divergierender Rechtsansichten zu verlieren. Der Blick

Vorwort

auf die politischen Fakten sollte nicht durch juristische Selbstbeschäftigung verstellt werden. Aus diesem Grund gehört ein ganz erheblicher Anteil dieses Werks den Staaten, die den Weg in die Unabhängigkeit bereits gegangen sind und wir konzentrieren uns lieber auf die Rechtsgedanken, die aus konkreten Unabhängigkeitserklärungen sprechen, als auf Überlegungen im luftleeren Raum.

Aus diesem Grunde haben wir, wenngleich der politische Wille dafür derzeit kaum vorhanden scheint, auch die Frage nach Sezession einzelner deutscher Regionen aus der Bundesrepublik heraus aufgeworfen. Deren Beantwortung im rechtlichen Rahmen des Grundgesetzes dürfte dem Leser zumindest näher und damit praktisch vermittlbarer sein als wenn man irgendeinen anderen Staat mit irgendeiner anderen, in der Regel kaum näher bekannten Verfassung herangezogen hätte.

Neben praktischen und an konkreten Rechtsnormen orientierten Betrachtungen dürfen selbstverständlich auch rechtsphilosophische Denker als zeitloses theoretisches Fundament nicht völlig fehlen. Wir bemühen uns aber, deren Gedankengebäude so verständlich wie möglich darzustellen, inhaltlich auf dies zu reduzieren, was uns auch heute noch bewegt und nachvollziehbar ist und sie im Übrigen in ihre Zeit einzuordnen.

Man sollte aber bei alldem immer bedenken, dass die Neubildung von Staaten etwas ist, was immer stattfinden wird. Die Welt ist soviel bunter und kleinteiliger geworden und wächst doch immer mehr zusammen. Die Sezession einzelner Regionen ist dabei, Europa zu erreichen. Schottland strebt nach Unabhängigkeit, ebenso Wales und das Baskenland. Auch einstige dezidierte Zentralstaaten wie Frankreich können sich des Selbstbewusstseins einzelner Landstriche nicht mehr völlig erwehren. Die Menschen nehmen Grenzen, die dereinst am Verhandlungstisch oder auf dem Schlachtfeld gezogen wurden, nicht

Vorwort

mehr einfach so hin.

Separatismus wird an Bedeutung gewinnen und es wird immer wichtiger werden, ihn in rechtliche Bahnen zu lenken. Wo er genügend Unterstützung erfährt, wird letztlich weniger das „Ob" der Sezession zu klären sein als vielmehr das „Wie". Wo ihm nur mit Unverständnis und Unterdrückung begegnet wird, wird er dagegen in Gewalt umschlagen.

Wir möchten mit diesem Buch auch zu einem friedlichen, einem demokratisch organisierten und einem von Recht und Gerechtigkeit geleiteten Europa beitragen.

Nürnberg, im November 2013

Jürgen Carstensen
Sophie Lengerich

A. Einleitung

Die Geschichte der Welt ist die Geschichte des Entstehens und Untergehens von Nationen. Diese Tatsache liegt so klar auf der Hand, dass sie keiner weiteren Erläuterung bedarf.

Aber nicht alles, was stattfindet, ist notwendigerweise auch moralisch oder gar juristisch gerechtfertigt. Eine derart normative Kraft des Faktischen ist – gerade im Völkerrecht bzw. der Außenpolitik – aus gutem Grund unbekannt.

1. Definition

In einer Welt, auf der mittlerweile wohl auch den letzten Quadratmeter bewohnbaren Festlands von mindestens einem Staat beansprucht wird und auf der auch die Meere (sog. Zwölf-Meilen-Zone) und die Polkappen (z. B. im Antarktis-Übereinkommen) international aufgeteilt sind, kann ein neuer Staat nur noch auf dem Gebiet eines anderen Staates entstehen. Rechtstechnisch wird das Gebiet des neuen Staates vom bestehenden abgetrennt und neuer, eigener Herrschaftsmacht unterworfen.

Ein solcher Akt wird als Sezession (von lat. *secedere*, beiseite gehen, sich absondern) bezeichnet. Bestrebung in dieser Hinsicht werden Separatismus (von lat. *separare*, trennen, absondern, aber auch unterscheiden) genannt.

2. Eingrenzung des Themas

Dementsprechend müsste nach einer weiten Definition des Separatismus auch die imperiale Landnahme früherer Jahrhunderte darunter fallen: Als sich britische Siedler in Nordamerika niederließen, haben auch sie den Herrschaftsbereich anderer beansprucht. Wenngleich

A. Einleitung

den Indianern der Gedanke eines Staatsgebiet im Sinne der völkerrechtlichen Trias „Staatsvolk, Staatsgebiet, Staatsgewalt" sicher fremd war, so hatten auch sie ein Gefühl für (privatrechtliches) Eigentums- oder zumindest Nutzungsrecht an ihrem angestammten Land.

Kolonisation wird allerdings gemeinhin nicht als Untergruppe des Separatismus angesehen, sondern eher der Eroberung zugerechnet. Kennzeichnend hierfür ist zum einen, dass der Neuordnungswille nicht aus dem betroffenen Gebiet selbst heraus kommt, sondern von einer auswärtigen Macht. Der tiefere Unterschied ist zudem, dass nicht ein bestehender Teil des Staates mit all seinen Charakteristiken einer neuen selbstbestimmten Organisationsform zugeführt, sondern lediglich das Land (im geographischen Sinne) in Besitz genommen wird, um es dann von Grund auf neu zu verwenden (Besiedelung, Ausbeutung von Bodenschätzen etc.). Zudem war der ursprünglich beabsichtigte und zudem auch über meist einen jahrhundertelangen Zeitraum umgesetzte Grund für die Inanspruchnahme gerade die Angliederung an den Heimatstaat, während die Herausbildung eines eigenen Bewusstseins erst sehr viel später eintrat. So vergingen von der ersten Ansiedlung auf Roanoke bis zur Unabhängigkeitserklärung der USA mehr als 190 Jahre.

Auch die (relativ seltenen) Fälle, in denen eine ursprüngliche Minderheit in einem Teilgebiet eines Staates zur Mehrheit anwächst und sich darum aus dem Gesamtverband, in dem sie weiterhin eine Minderheit darstellt, lösen will, werden teilweise unter anderen Vorzeichen gesehen, so die Meinung einiger Kommentatoren zum Kosovo-Konflikt und der späteren Unabhängigkeitserklärung.

Separation im engeren Sinne würde nur dann vorliegen, wenn ein integraler und der zentralen Organisation des Gesamtstaates unterworfener Teil eines Landes aus diesem ausscheidet, dabei jedoch seine Bevölkerung und seine grundlegenden sozialen, wirtschaftlichen und kulturellen Strukturen behält. Ein wesentliches Moment dabei ist

A. Einleitung

das Fortbestehen der Bevölkerung und ihrer Ordnung. Häufig – aber nicht notwendigerweise – sollen auch überkommene oder zwischenzeitlich abgeschaffte Institutionen explizit bewahrt bzw. wieder errichtet werden.

Diese Bezugnahme auf das jeweilige Staatsvolk macht zugleich klar, dass Separation stets nur auf ein „Entreißen" eines Staatsgebiets gerichtet sein kann. Das bloße Besiedeln scheidet nicht nur, wie oben ausgeführt, begrifflich aus, sondern stellt auch eine andere Rechtsfrage dar. Diese kann jedoch als bloß akademisch angesehen werden, da es wie erwähnt keine Flecken auf der Erde mehr gibt, die brach liegend darauf warten, dass ein Staat sie sich aneignet. Auch die willentliche Aufgabe der Herrschaftsmacht über bestimmte Gebiete, verbunden mit dem Angebot, ein Drittstaat möge sie sich aneignen, dürfte historisch gesehen eine absolute Ausnahme darstellen. Ähnliche Fragen könnten sich allenfalls noch im (anfangs belächelten, mittlerweile aber an Signifikanz gewinnenden) Weltraumrecht ergeben.

Wenn hier das Recht auf Sezession erfasst werden soll, so gibt dies zugleich auch den Blickwinkel vor: Ausgeübt werden kann und muss dieses Recht immer nur vom separationswilligen Teil des Staates. Auszusondern sind dementsprechend auch die Fälle, in denen es keine einseitige Unabhängigkeitserklärung gibt.

So kann der Ausschluss Singapurs aus der Malayischen Föderation zwar durchaus darauf geprüft werden, ob er rechtlich zulässig war. Ähnliches gilt für die Ausgliederung der Homelands („Bantustans") Transkei, Bophuthatswana, Venda und Ciskei in den 70er- und 80er-Jahren aus der Republik Südafrika. Da jedoch der Gesamtstaat in seiner völkerrechtlichen Subjektivität erhalten blieb und sich lediglich selbst gebietsmäßig verkleinerte, ist nicht ausschlaggebend, ob ein Recht auf Sezession bestanden hat. Allerdings ist freilich nicht völlig abwegig, dass ein „Recht auf Exklusion" auf ganz ähnliche Argumente gestützt werden kann.

A. Einleitung

Nicht anders wird auch die Auflösung eines Staats durch determinierende äußere Einflüsse zu behandeln sein. Die Lansing-Note nannte als Grundlage für eine Friedensordnung nach dem Ersten Weltkrieg die Auflösung Österreich-Ungarns und war für die Unabhängigkeit der entstehenden Staaten auch entscheidend; die k. u. k. Monarchie (genauer: der insoweit dominante österreichische Reichsteil) hat die Gliedstaaten in die Eigenstaatlichkeit entlassen. Insoweit hat sich die Frage der Rechtmäßigkeit nie gestellt, sie ist auch ersichtlich nicht bezweifelt worden.

Etwas anders könnte die Situation der Niederlande und der Schweiz sein, die 1648 nach dem Dreißigjährigen Krieg im Rahmen der Regularien des Westfälischen Friedens aus dem Heiligen Römischen Reich Deutscher Nation ausgeschieden sind. Dabei ist jedoch zu beachten, dass das HRR kein Staat im üblichen Sinne, sondern eher ein gesamteuropäischer Staatenbund war. Außerdem sind beide Nationen bereits seit Anfang des 17. Jahrhunderts faktisch unabhängig gewesen. Insoweit stellt sich möglicherweise die Frage, ob die Gewährung der formellen Eigenstaatlichkeit lediglich dem Wunsch nach Frieden geschuldet war und innerhalb des Münsteraner Vertragswerks ohnehin eine untergeordnete Bedeutung hatte. Nicht völlig auszuschließen ist aber auch die Theorie, dass ein bestehendes Recht auf Sezession anerkannt und dementsprechend vollzogen wurde.

Auch die Tschechoslowakei hat sich in die Tschechei und in die Slowakei geteilt, ohne dass hierfür eine Unabhängigkeitserklärung des einen oder anderen Teils erforderlich gewesen wäre. Vielmehr verabschiedete das tschechoslowakische Bundesparlament das Verfassungsgesetz 542 im November 1992, das die Auflösung und Teilung des Staates zum Jahresende dekretierte. Unterstellt man die organische Zuständigkeit des Parlaments für eine derartige Verfassungsänderung, so kann man durchaus vertreten, dass die einhellige Zustimmung der Beteiligten über einer eventuell sezessionsfeindlichen nationalen oder internationalen Rechtslage steht.

A. Einleitung

Alternativ wäre zumindest naheliegend, dass einer der Teilstaaten, der nun den anderen auf Grundlage der tschechoslowakischen Verfassung den anderen zur Erfüllung seiner Pflichten auffordern würde, sich der Einwendung gegenüber sehen müsste, durch Einwilligung diese Rechtsposition verloren zu haben.

Von einem eventuellen Recht auf Sezession ist auch die Frage des Sinns einer bestimmten Sezessionsbewegung zu trennen. Es kann nicht die Aufgabe der Rechtswissenschaft sein, zu entscheiden, ob ein Land in der Unabhängigkeit überlebensfähig wäre und ob es nach praktischen Erwägungen sinnvoll oder erstrebenswert ist, sich zu separieren. Derartige Überlegungen können allenfalls einzelne Argumente beeinflussen. So könte möglicherweise ein einzelner Landkreis sich nicht auf das Selbstbestimmungsrecht der Völker berufen, da er eben kein Volk darstellt. (Wobei freilich cum grano salis anzumerken ist, dass sogar der kleinste Landkreis Bayerns noch ungefähr so viele Einwohner besitzt wie Andorra und doppelt so viele wie Liechtenstein.) Aber auch hier gilt es, genau zwischen den verschiedenen Anknüpfungspunkten zu unterscheiden: Ist eine geringe Einwohnerzahl juristisch von Bedeutung, wenn es um die erwähnte Feststellung der Eigenschaft als Volk geht, so ist sie aus politischer Sicht lediglich „unpraktisch", weil es bspw. bestimmte Fachkräfte nicht geben mag oder der internationale Einfluss gering bleibt. Es ist jedoch nicht die Aufgabe der Jurisprudenz, letzterer Überlegung bei der Eruierung der Rechtslage Raum zu geben.

3. Historische und aktuelle Beispiele

Das Recht auf Sezession ist grundsätzlich unabhängig von tatsächlichen Abspaltungen. Nichtsdestoweniger muss ein Blick auf historische und aktuelle Beispiele geworfen werden, um die unterschiedlichen Interessenlagen zu erkennen.

Den Vereinten Nationen gehörten im Jahr 1945 gerade einmal

A. Einleitung

50 Gründungsmitglieder an. Diese Zahl hat sich mittlerweile vervierfacht.

Besteht Afrika heute je nach Sichtweise aus 53 bis 55 Staaten, können gerade einmal drei davon auf eine längere Geschichte der Unabhängigkeit zurückblicken: Äthiopien existiert (von sechsjähriger italienischer Besetzung abgesehen) seit dem 9. Jahrhundert n. Chr., Liberia ist seit 1847 eigenständig und Ägypten zumindest seit 1922. Alle anderen Staaten haben ihre Staatlichkeit erst in den 50er- und hauptsächlich in den 60er-Jahren erhalten.

Dabei darf nicht vergessen werden, dass in all diesen Ländern lange vor der Inbesitznahme durch europäische Mächte eine kaum überschaubare Vielzahl von faktisch unabhängigen Stammes- und Dorfgesellschaften existierte, die zerstört und ohne Rücksicht auf überkommene Zusammenhänge und Rivalitäten neu gegliedert wurden.

In dieser Hinsicht ist Asien merklich weniger facettenreich. Zum einen hat hier keine derart „gründliche" Kolonialisierung stattgefunden. Mit Japan, China und Russland dominierten vielmehr angestammte Regionalmächte. Die westlichen Kolonialstaaten konnten sich hauptsächlich Indochina (Frankreich), Indien (Großbritannien), die Philippinen (Spanien, später die USA) sowie das heutige Indonesien (Niederlande) einverleiben. In Asien finden sich vielmehr Konflikte um die gegenseitige Anerkennung verschiedener Regierungen, die sich jeweils für legitim halten, wie beispielsweise zwischen Nord- und Südkorea sowie zwischen Taiwan und China.

Insgesamt dominiert seit dem 20. Jahrhundert zweifellos und weltweit das Phänomen der Separation. Ausnahmen sind lediglich die kurzlebige Vereinigten Arabische Republik aus Ägypten und Syrien (1958–61) und die (Wieder-) Vereinigungen Deutschlands und des Jemens im Jahr 1990.

Nach dem Ende der kommunistischen Diktatur in der UdSSR löste sich auch diese auf. Interessant ist hierbei, dass zunächst Litauen

A. Einleitung

(am 11. März 1990) und anschließend auch alle anderen Unionsrepubliken (April bis Dezember 1991) ihre Unabhängigkeit erklärten. Erst danach erklärte der Oberste Sowjet die nun noch bestehende „leere Hülle" Sowjetunion auch als Völkerrechtssubjekt für abgeschafft. Dass ein Staat, der all sein Gebiet und alle seine Einwohner durch Sezession verloren hat, durch sein Hauptorgan (dessen weitere Legitimation durchaus in Frage stehen könnte) erst explizit aufgelöst werden muss, bedarf sicher näherer Erörterung.

Die Auflösung Jugoslawiens nahm dagegen einen anderen Weg. Nachdem sich 1991 und 1992 Slowenien, Kroatien, Mazedonien und Bosnien-Herzegowina lossagten, ließ die serbisch dominierte Führung der Bundesarmee die Unabhängigkeitsbestrebungen gewaltsam unterdrücken. Es folgte ein Krieg, wie er in Europa eigentlich nicht mehr für möglich gehalten wurde, an dessen Ende jedoch die neu errungene Eigenstaatlichkeit bestätigt wurde. Die „Bundesrepublik Jugoslawien" bestand nun nur noch aus Serbien und Montenegro. Das Kosovo wurde 1999 unter Verwaltung der Vereinten Nationen gestellt, jedoch unter Anerkennung der territorialen Integrität Jugoslawiens. 2006 trennten sich schließlich – unter Wahrung des Anspruchs auf das Kosovo – die Serben und die Montenegriner in friedlicher Weise voneinander und tilgten damit endgültig den Namen Jugoslawien von den Landkarten. Am 17. Februar 2008 folgte schließlich die Unabhängigkeitserklärung des kosovarischen Parlaments, die deswegen besondere Bedeutung besitzt und eine eingehende Analyse verdient, weil sie durch den Internationalen Gerichtshof beurteilt wurde. Damit sind an Stelle des alten Jugoslawien nun (inklusive Kosovo) sieben neue Staaten entstanden.

Im heutigen Europa sehen wir vor allem in den traditionellen Einheitsstaaten Italien und Frankreich weniger separatistische als vielmehr föderalistische Kräfte. Um Sezession bemüht sind eher die Flamen und Wallonen in Belgien, die Katalanen und Basken (sowie zahlreiche weitere, weniger bekannte Regionen) in Spanien sowie die

A. Einleitung

Schotten und Waliser in Großbritannien.

Auch im Freistaat Bayern gibt es seit 1946 eine separatistische Organisation: Die Bayernpartei möchte die Abspaltung von Deutschland erreichen. Nachdem die CSU die Spielbankenaffäre inszeniert und den „Justizmord" am BP-Vorsitzenden Prof. Baumgartner in die Wege geleitet hatte, verschwand die Partei für Jahrzehnte in der Versenkung. Mittlerweile hat sie sich restrukturiert, eine große Zahl von Kommunalmandaten gewonnen und ist nach den Daten der Parteienfinanzierung des Deutschen Bundestags, die sich am Wahlerfolg und an der sonstigen Verankerung in der Bevölkerung orientieren, die zehntgrößte Partei Deutschlands und die zweitgrößte Landespartei in Bayern.

Dementsprechend hat auch das Thema der Sezession in Bayern wieder Aufmerksamkeit gewonnen. In der bayerischen Unabhängigkeitsbewegung wird dabei explizit auf die juristische Begründung eines Rechts auf Separation Wert gelegt. Dies ist ein deutlicher Unterschied zu den anderen Ländern, in denen ein Recht auf Abspaltung auch ohne besondere Rechtfertigung größere Akzeptanz findet. Aus diesem Grunde haben wir uns entschieden, auch den Möglichkeiten einer bayerischen Unabhängigkeit einen gewissen Raum einzuräumen, wenngleich diese freilich nicht in ganz naher Zukunft zu erwarten ist. Wenn man aber die Rechtslage des Grundgesetzes einer genauen Untersuchung unterziehen will, bietet sich aus historischen, rechtlichen und den erwähnten politischen Gründen kaum ein anderes Land als Bayern an.

4. Darstellung der Quellenlage

Die Quellen zu den rechtlichen Fragen der Sezession sind eher spärlich. Es ist nicht ersichtlich, dass es ein Standardwerk hierzu gäbe. Eine Reihe von Publikationen hat das Thema bisher behandelt, allerdings eher deskriptiv denn in einer Weise, die die widerstreitenden

A. Einleitung

Argumente und rechtlichen Grundlagen in kritischer Weise untersucht und sich um eine definitive Feststellung der Rechtslage bemüht. In der völkerrechtlichen Literatur finden sich in der Regel allenfalls Randnotizen zum Sezessionsrecht. Dies überrascht zunächst angesichts der Vielzahl an historischen und noch zu erwartenden Unabhängigkeitserklärungen.

Ein Grund hierfür dürfte in der bisherigen, beinahe machiavellischen Grundhaltung der meisten internationalen Akteure liegen, sich separierende Staaten nach politischen Erwägungen anzuerkennen oder abzulehnen. Ein feststehendes juristisches Rahmenwerk könnte diese Flexibilität zunichte machen.

Hinzu kommt aber auch die Schwierigkeit, dass sehr oft tatsächlich Einzelfallentscheidungen adäquat erscheinen, da die Voraussetzungen zu unterschiedlich sind: Kolonien sind anders zu behandeln als Staaten, die in der Folge eines Krieges vereinigt wurden. Die Unabhängigkeitserklärung per Referendum kann nicht mit einer solchen durch bewaffneten Widerstand gleichgesetzt werden. In einem Bund mag es andere Voraussetzungen geben als in einem Einheitsstaat.

Nun möchte man meinen, dass für Einzelfallentscheidungen Gerichte prädestiniert wären. Aber auch die Zahl der Urteile über Unabhängigkeitserklärungen ist minimal. Ersichtlich ist zum einen die Entscheidung des US Supreme Court zur Abspaltung der Südstaaten; diese erfolgte aber im Jahr 1869, als der Sezessionskrieg schon vier Jahre vergangen war und sich die Klärung der Frage zumindest aus völkerrechtlicher Sicht erledigt hatte.

Hier zeigt sich ein allgemeines Phänomen, das die geringe Zahl der Urteile erklärt: Die Realpolitik ist in diesen Fragen um einiges bestimmender als die Judikative. Sezession ist in der Regel immer vom Konflikt beherrscht. Entweder herrscht ein solcher bereits und daraufhin will die eine Partei ihr Heil in der Selbstbestimmung suchen. Gerade in einer typischen Unterdrückungssituation ist ein gerechter

A. Einleitung

Richterspruch durch die Organe des repressiven Gesamtstaates auch kaum zu erwarten. Oder es kommt umgekehrt zu einem Konflikt, weil sich ein Teil abspalten will und der zurückbleibende Staat dies verhindern möchte. In derartigen Fällen suchen die Konfliktparteien nicht mehr die Entscheidung eines neutralen Dritten, sondern setzen ihr vermeintliches Recht eher selbst durch.

Im Falle des Kosovos ging der Konflikt dem Urteil zumindest voraus. Im Kosovokrieg zwang die internationale Gemeinschaft die Serben dazu, die Provinz in die Unabhängigkeit (de facto) zu entlassen. Eine interessante Wendung ergab sich erst, als die 2008 erklärte Unabhängigkeit (de iure) durch den Internationalen Gerichtshof überprüft wurde. Zum ersten Mal wurden nun separatistische Bewegungen am Völkerrecht gemessen.

Im Jahr 2006 gab es ein Urteil, das in einem etwas geordneteren Kontext gefällt werden konnte: Nun hatte wiederum ein amerikanisches Gericht, der oberste Gerichtshof Alaskas, über die Zulässigkeit eines Referendums zu entscheiden, das die Unabhängigkeit des Staates von den USA zum Ziel hatte. Das Urteil ist insofern relevant, als es die Sezession für illegal erklärt hat und damit die Abstimmung effektiv verhinderte.

B. Richter und Denker

1. Rechtsphilosophie

a) Antike

In der Antike wäre es sicher auf gewisse Verwunderung gestoßen, die Frage der Eigenständigkeit eines Staates juristisch klären zu wollen. Ein Reich wie das Römische Imperium, das Eroberung und Unterwerfung als legitime Mittel der Außenpolitik ansah, verschwendete sicher keinen Gedanken an Selbstbestimmungsrechte der entsprechenden Völker.

In der Staatslehre des Aristoteles (384–322 v. Chr.) wird der Mensch als „zoon politikon", als ein staatenbildendes Wesen, bezeichnet. Der Hang dazu, eine Gemeinschaft mit anderen zu bilden, sei im Wesen des Menschen angelegt. Das Streben des Menschen nach (individueller) Selbstbestimmung sei am besten in einem zivilisierten, geordneten Staat zu verwirklichen.

Damit ist die Bildung *eines* Staates also der menschlichen Natur von Haus aus zu eigen. Über die Art dieses Staates ist damit nichts gesagt. So, wie Aristoteles die Bildung vieler verschiedener – ungleich erstrebenswerter – Staatsformen zulässt, wird man auch konstatieren müssen, dass der Mensch durchaus zu unterschiedlich verfassten Staaten streben kann. Ein grundsätzlich vorzugswürdiger Staat – sei er nun regional und flexibel angelegt oder weltumspannend und mächtig – existiert nicht. Naturrechtlich hat also kein Staat einen Anspruch auf die Loyalität seiner Bürger.

Inwieweit die Menschen sich aber den Staat aussuchen können, in dem sie leben wollen, führt Aristoteles nicht näher aus.

B. Richter und Denker

b) Hobbes

Der Engländer Thomas Hobbes sah den Staat dagegen als ein allmächtiges Untier, den er als „Leviathan" bezeichnete. Diese Einschätzung begründet sich nicht auf einer Meinungsäußerung Hobbes', dass der Staat ein Leviathan sein solle. Vielmehr stellte er lediglich fest, dass dies der Natur des Staates entspräche. Revolutionär ist dagegen, dass dieser Leviathan nicht aus sich selbst heraus herrscht oder durch Gottesgnadentum seine Macht bekommen hat. Vielmehr herrscht er aufgrund des Gesellschaftsvertrags.

Dieser Vertrag ist eine lediglich gedachte Übereinkunft der Menschen. Es haben sich also nicht – wie bspw. bei einer Vereinsgründung – die Menschen zusammengefunden, um dann durch gemeinschaftlichen Entschluss den Staat zu schaffen. Vielmehr ist der Gesellschaftsvertrag ein Auswuchs der Vernunft des Menschen. Der Mensch ist zwar souverän und eben auch souverän, einen Staat zu schaffen. Diese Souveränität ist ihm aber durch seine automatische und nicht willentliche Einbindung in den Gesellschaftsvertrag praktisch völlig genommen.

Insofern ist es wenig verwunderlich, dass die Zustimmung zum Gesellschaftsvertrag auch nicht widerruflich ist. Es steht dem einzelnen, dem ja unterstellt wird, sich am Gesellschaftsvertrag beteiligt zu haben, nicht frei, sich vertraglich einer anderen Gesellschaft anzuschließen.

d) Grotius

Der Niederländer Hugo Grotius (1583–1645) sieht das Sezessionsrecht als einen Notwehrakt an.

Auch Grotius war ein Anhänger der Vertragstheorie. Er ging zwar davon aus, dass der Mensch naturrechtlich ein Widerstandsrecht habe, der Staat dieses aber auch einschränken könne. Dies drückt sich auch in seiner Haltung zum Sezessionsrecht aus:

Während im Grundsatz kein Teil eines Reiches dieses verlassen darf, kann eine Ausnahme von dieser Treuepflicht (nur) für den Fall des Selbsterhalts angenommen werden. Hierzu muss es „offensichtlich unerlässlich erscheinen", die Unabhängigkeit einzufordern, weil anders der Erhalt des Landes nicht gewährleistet ist.

Die Begründung hierfür überrascht: Es sei allgemein anerkannt, dass in solchen Fällen außergewöhnlicher Handlungsnotwendigkeiten die Dinge zu ihrer „natürlichen Ordnung" zurückkehren. Und in dieser natürlichen Ordnung besteht nunmal, wie eingangs bemerkt ein Widerstandsrecht.

Eine Sezession innerhalb des geordneten Staates, möglicherweise sogar innerhalb eines geordneten Rechts, ist für Grotius somit praktisch nicht denkbar. Sezession ist für ihn also keine Abspaltung, sondern ein Ergebnis aus Zerfall und Neuentstehung. Hierfür ist aber zunächst notwendig, dass der Selbsterhalt des Teilstaates anders nicht zu bewerkstelligen ist.

e) Althusius

Johannes Althusius (1563–1638) gilt als der Vater der Föderalismustheorie. Sein Staatsmodell legte den Grundstein für den modernen Verfassungsstaat.

Er geht ebenfalls von einer Vertragstheorie aus. Die Zustimmung zum Gesellschaftsvertrag ist aber sehr viel konkreter als bspw. bei Hobbes: Sie ist nicht mehr lediglich fiktiv, sondern wird als konstitutives Element des Staates angesehen. Die Unterwerfung unter die Gesellschaft und die Staatsgewalt ist eine eigene Entscheidung, die kontinuierlich neu getroffen wird und dementsprechend auch jederzeit widerrufen werden kann.

Aber auch jenseits einer formellen Sezession konstatiert Althusius ein Recht, sich unliebsamer Herrschaft zu entledigen: Ein Machthaber soll grundsätzlich abgesetzt werden können, wenn er die in ihn gesetzten Erwartungen nicht erfüllt. Hierfür schlägt er jedoch ein geordnetes Verfahren vor, das bereits teildemokratische Züge trägt.

B. Richter und Denker

Insgesamt kann man eine deutlich Evolution zwischen den Ansichten Grotius' und Althusius' feststellen. Für Althusius ist eben kein Zerfall mehr notwendig, um eine Neubegründung von Herrschaft zu rechtfertigen. Der eine Staat kann in den anderen übergehen, weil sich die Untertanen in einem formalen Prozess für den Abschluss eines neuen Gesellschaftsvertrags ausgesprochen haben.

Diese nichtrevolutionäre Umsturz- und Sezessionstheorie ist geradezu revolutionär.

f) Calhoun

John Caldwell Calhoun (1782–1850) war Vizepräsident der Vereinigten Staaten sowie US-Senator für den Staat South Carolina. Politisch vollzog er eine bemerkenswerte Wandlung vom amerikanischen Nationalisten zum überzeugten Separatisten. Bereits in der Nullifikationskrise der 1830er-Jahre war er ausgewiesener Verfechter der states' rights und plädierte für eine Abspaltung South Carolinas aus der Union. Als 30 Jahre später (und ein Jahrzehnt nach Calhouns Tod) aus ähnlichen Gründen, diesmal jedoch mit der Sklavenfrage als unmittelbarem Auslöser, die Sezession tatsächlich vollzogen wurde, war es seine Rechtsphilosophie, die breiten Raum in der Doktrin der Südstaaten erhielt.

Calhoun ging davon aus, dass die US-Bundesverfassung ein Vertrag zwischen souveränen Staaten sei, in dessen Rahmen diese gewisse, ausdrücklich spezifizierte Rechte an den Bund übertragen. Zur Entwicklung des Verhältnisses zwischen dem Bund und den Staaten vertrat er eine bemerkenswert ausgefeilte These: Es liege grundsätzlich bei den Staaten, zu entscheiden, ob ein Rechtsakt des Bundes noch innerhalb der ihm übertragenen Kompetenzen stattgefunden habe. Wenn nicht, sei dieser von vornherein nichtig (nullifiziert) und für den Staat nicht bindend. Reagiert der Bund nun darauf, indem er bspw. durch eine Verfassungsänderung neue Rechte für sich festschreibt, muss der Staat entscheiden, ob er dem noch zustimmen kann. Hält er die

B. Richter und Denker

Zentralisierung für zu weitgehend, muss er den gemeinsamen Vertrag (und damit den Gesamtstaat) verlassen; ansonsten muss er sich mit der Beschneidung seiner Rechte abfinden.

Wenn der Bund hingegen einen Staat aus einem Gesetz in die Pflicht nimmt, das dieser für nichtig erklärt hat, handelt er rechtswidrig. Setzt der Bund seinen Herrschaftsanspruch mit Gewalt durch, ist dies nichts anderes als die Kriegserklärung eines (Gesamt-) Staates gegen einen anderen (Teil-) Staat.

Ob Calhoun davon ausging, dass eine Sezession nur gegen eine Erweiterung des Machtanspruchs des Zentralstaats geboten ist, bleibt unklar. Er selbst hat hierzu teilweise nicht ganz miteinander in Einklang zu bringende Aussagen getätigt. Würde man – ob nun mit Calhoun oder nicht – die Meinung vertreten, dass die Separation quasi der Widerspruch gegen einen sich stärker zentralisierenden Staat ist, bleibt die Frage offen, was die nun für das Sezessionsrecht bedeutet. Der Teilstaat tritt ja eben nicht aus dem bestehenden Staat aus, indem er den Vertrag kündigt. Vielmehr wehrt er sich gegen eine Intensivierung der der Machtbefugnisse des Zentralstaats. Er verweigert also einem „neuen", zentralistischeren Bundesvertrag die Zustimmung.

Diese Sezession wäre dann keine Kündigung des Vertrags aus freiem Entschluss, sondern eine Ablehnung der Abgabe neuer Befugnisse an den Bund mit dem Effekt, dass der Teilstaat auch dem bisherigen Bund nicht mehr angehören will bzw. kann, da der bisherige Bund nicht mehr existiert, sondern sich weiterentwickelt hat. Die Parallelen zu Althusius und seiner Idee der kontinuierlichen Bestätigung des Gesellschaftsvertrags sind insofern unverkennbar.

g) Dahrendorf

Eine Sonderposition in der Staatswissenschaft stellte sicher der Soziologe und FDP-Politiker Ralf Dahrendorf dar. Er verteidigte noch im Jahr 1989 den Herrschaftsanspruch der Sowjetunion über alle Länder, die diese unterworfen hatte.

B. Richter und Denker

Das Recht auf Selbstbestimmung sei „barbarisch", der einzelne habe lediglich das Recht, vom Staat gewisse Bürgerrechte zuerkannt zu bekommen. Solange diese aber allen Bürgern in gleichem Maße zuständen, könne sich kein Staatsteil abspalten.

Wenngleich Dahrendorfs Ausführungen praktisch keinen Widerhall in der Fachwelt gefunden haben, ist sein Denken doch in mancherlei Hinsicht prägend für den politischen Diskurs um das Sezessionsrecht.

2. Normen des Internationalen Rechts
a) Wilsons Vierzehn Punkte

Die Vierzehn Punkte, die US-Präsident Woodrow Wilson in einer Rede gegenüber dem Kongress als Grundlage einer Friedensordnung nach dem Ersten Weltkrieg aufführte, beinhalten zahlreiche Forderungen, die heute – obgleich Wilson den Begriff selbst nicht verwendet – als Anerkennung des Selbstbestimmungsrechts der Völker verstanden werden.

In Bezug auf die Kolonialstreitigkeiten (Punkt 5) wird das Selbstbestimmungsrecht eher verklausuliert verwendet: Bei der Beilegung derartiger „Souveränitätsfragen" sei das „Interesse der dortigen Bevölkerung" zu berücksichtigen, stünde jedoch den (als gegeben vorausgesetzten) Ansprüchen der jeweiligen Kolonialmacht gegenüber. Im Ergebnis kann man hierin wohl eher eine Ablehnung der Selbstbestimmung der in den Kolonien angestammten Bevölkerung. Die in Rede stehende Souveränität ist wohl eher im Verhältnis zwischen den Kolonialmächten zu sehen: Festgestellt werden sollen die „Titel", die eine Nation auf eine Kolonie hat – dies erinnert eher an einen Grundbucheintrag als an eine tatsächlich nennenswerte Erwägung politischer Selbstbestimmung.

Der sechste von Wilsons Punkten befasst sich mit der Situation

B. Richter und Denker

Russlands. Gefordert wird der Abzug aller fremden Truppen von russischem Territorium, damit dieses die Chance bekomme, seine Innenpolitik ohne Beeinflussung von außen zu bestimmen. Zugleich werden die anderen Staaten aufgefordert, sich nicht (auch nicht friedlich) in russische Angelegenheiten einzumischen und zwischen ihren eigenen Interessen und denen Russlands zu unterscheiden. Dies sei der Lackmus-Test für ihren guten Willen („acid test of their good will"). Diese Anerkennung und Berücksichtigung fremder Staatsinteressen kann ohne weiteres als Bestätigung ihres Selbstbestimmungsrechts gesehen werden: Ohne ein solches wäre es einem Staat gar nicht möglich, eigene Interessen zu formulieren und zu fordern. Fraglich ist aber, ob aus dieser Art Patronats-Erklärung zugusten des revolutionären Russlands ein allgemeiner internationaler Rechtsgrundsatz konstruiert werden kann.

Auch Belgien wird eigens erwähnt (Punkt 7) und die Wiederherstellung seiner vollen Souveränität gefordert. Hier wird aber zugleich der Gesamtzusammenhang mit dem Völkerrecht hergestellt. Ansonsten sei nämlich dessen weltweite Geltung für immer in Frage gestellt. Das Verlangen nach Belgiens Unabhängigkeit wäre demgemäß also lediglich die Deduktion eines übergeordneten (und ungenannten) internationalen Rechtssatzes. Dies mag vielleicht mit der deutschen Okkupation des ursprünglich neutralen Staats und dem Gebrauch als „Durchgangsland" in Richtung Frankreich zusammenhängen.

Wilson geht zudem davon aus, dass Staaten, auch wenn sie aktuell noch nicht existieren mögen, doch im Grunde bereits „angelegt" sind. So soll Italien „anhand klar erkennbarer Grenzen aufgrund der Nationalität" reorganisiert werden (Punkt 9). Zudem spricht er von den „Völkern" Österreich-Ungarns, er drückt also aus, dass diese bereits bestehen und nur noch darauf warten, ihren „Platz unter den Nationen" einzunehmen (Punkt 10). Ihnen soll die freie Möglichkeit autonomer Entwicklung eingeräumt werden.

Detaillierter sind seine Pläne bezüglich des Balkans (Punkt 11):

B. Richter und Denker

Zugehörigkeitsgefühl und Nationalität sollen als historische Anknüpfungspunkte dienen, aber auch praktische Erwägungen wie ein Zugang Serbiens zum Meer. Die politische und wirtschaftliche Unabhängigkeit soll durch internationale Garantien gesichert werden, ebenso wie ihre „territoriale Integrität". Gerade letzterer Punkt wird als Gegenargument gegen ein Sezessionsrecht später noch zu diskutieren sein.

Bei der Aufteilung des Ottomanischen Reichs findet eine interessante Wortwahl statt: Dessen türkisch geprägte Gebiete solle Souveränität behalten, die anderen Völker dagegen die „völlig ungestörte Gelegenheit zu einer autonomen Entwicklung" bekommen. (Punkt 12)

Für Polen (Punkt 13) wird als Gebiet dasjenige mit „unbestreitbar polnischer Bevölkerung" definiert. An Bestandsgarantien werden wiederum die politische und wirtschaftliche Unabhängigkeit sowie die territoriale Integrität genannt, die nun aber durch internationale Übereinkünfte gesichert werden sollen.

Der spätere Völkerbund wird als „Verband von Nationen" angedeutet, der die „gegenseitigen Garantien der politischen Unabhängigkeit und der territorialen Integrität großer und kleiner Staaten" sicherstellen soll.

In der Schlussakte schließlich bezeichnet er die die Gerechtigkeit für alle Völker und Nationalitäten und ihr Recht, gleichberechtigt in Freiheit und Sicherheit zu leben, als offensichtliches Prinzip seiner Vorstellungen.

b) KSZE-Schlussakte von Helsinki

Die KSZE-Schlussakte von Helsinki (1975) kann als Dokument gesehen werden, das die völkerrechtliche Ordnung der beteiligten Staaten festlegen sollte. Der Inhalt ist freilich noch geprägt vom Kalten Krieg und den sich in diesem gegenüber stehenden konkurrierenden Machtblöcken.

B. Richter und Denker

Der Inhalt der Vereinbarung ist insoweit durch widersprüchlich: Zum einen wird die territoriale Integrität der Signatarstaaten (Punkt I., II. und IV.) und in logischer Folge auch die Unverletzlichkeit ihrer Grenzen (Punkt III.) betont. Gleichzeitig wird aber auch das Selbstbestimmungsrecht der Völker (Punkt VIII.), das diesem Prinzip entgegenzustehen scheint, betont.

Auch hier ist jedoch wieder der Unterschied zwischen Grenzsicherheit nach außen und nach innen zu beachten: Die Unterzeichner dürfen keinen „Anschlag auf diese Grenzen verüben" – eine von innen bewirkte Grenzveränderung wird insoweit nicht behandelt. Auch ist nicht ersichtlich, dass aus der Akte irgendeine mittelbare Schutzwirkung zugunsten der aktuellen Grenzen ausgehen soll, die es anderen Staaten verbieten würde, durch Sezession entstandene Staaten anzuerkennen. Zudem beinhalten diese Prinzipien grundsätzlich nur ein Verbot der „Androhung oder Anwendung von Gewalt", friedliche Grenzveränderungen wären damit also von vornherein nicht erfasst.

Anders verhält es sich jedoch bei Punkt VII.: Das Selbstbestimmungsrecht der Völker ist zu wahren – nicht etwa nur das Selbstbestimmungsrecht der Völker der Signatarstaaten in ihren derzeitigen politischen Zuordnungen. Der Begriff des Volkes ist also nicht im Sinne der staatsrechtlichen Trias als „Staatsvolk" zu verstehen; der Inhalt dieses Begriffs muss folglich anderweitig gewonnen werden.

c) UN-Charta

Die Charta der Vereinten Nationen sieht in Art. 1 Abs. 2 das Selbstbestimmungsrecht der Völker vor.

Zudem versprechen die UNO-Mitglieder entsprechend Art. 2 Abs. 4, Gewalt nicht anzudrohen oder anzuwenden, um territoriale Integrität oder die staatliche Unabhängigkeit der anderen Staaten zu untergraben. Diese Norm ist jedoch ausweislich ihres Wortlauts doppelt eingeschränkt: Zum einen können sich nur bestehende Staaten auf ihre territoriale Integrität berufen, nicht aber Regionen, die selbst erst noch durch Sezession zum Staat werden wollen. Andererseits bindet die Charta aber auch nur existierende Staaten; die Verpflichtung eines Teilstaates oder eine Volksgruppe, einen Staat nicht „von innen heraus" verändern zu dürfen, ist hieraus sicher nicht abzuleiten. Die territoriale Integrität in diesem Sinne ist keine Bestandsgarantie für die Staaten, sondern vielmehr ein zwischenstaatliches Friedensgebot und ein Verbot von Eroberungskriegen.

d) Art. 27 IPbürgR

Der internationale Pakt über bürgerliche Rechte sieht ein Recht für Angehörige ethnische, religiöser und sprachlicher Minderheiten vor, dass diese ihre jeweilige Kultur ausleben dürfen. Umgekehrt gibt es eine Pflicht des Staates, diese Minderheiten nicht völlig zu assimilieren. Allerdings werden diese Gruppen ausdrücklich als „Minderheiten im Staat" angesprochen.

Ein Recht auf einen eigenen Staat und damit ein Sezessionsrecht verbürgt diese Vorschrift sicher nicht. Sie bleibt auch unklar dahingehend, welche Rechtsfolge an einer Verletzung dieser Rechte zu knüpfen ist. Man wird aus dem Wortlaut jedoch höchstens ein Sezessionsrecht für den Fall der völligen Unterdrückung bis hin zur bevorstehenden kulturellen Vernichtung annehmen können.

Art. 27 IPbürgR könnte ggf. zur Auslegung eines Notwehr-Sezesisonsrechts von Minderheiten herangezogen werden. Aber auch dafür sind die aufgestellten Anforderungen wohl im Ergebnis zu gering. Richtig ist, dass ein Sezessionsrecht bestehen muss, wenn nicht einmal die minimalen Garantien dieses Pakts noch erfüllt sind.

3. Urteile

a) US Supreme Court

In der Entscheidung Texas v. White hatte der Oberste

B. Richter und Denker

Gerichtshof der Vereinigten Staaten von Amerika darüber zu befinden, ob die Sezession des Staates Texas am 1. Februar 1861 (und damit auch die Unabhängigkeitserklärungen der anderen Südstaaten) rechtmäßig war.

Die Frage war insoweit jedoch nur Teil einer privatrechtlichen Auseinandersetzung: Im Jahr 1850 hatte der Bundesstaat als Ausgleichszahlungen für Gebietsabtretungen Bundesanleihen von der Zentralregierung erhalten. Einige hiervon waren 1861 noch im Besitz des Staates und wurden zur Finanzierung des Kriegs gegen die Union durch die texanische Regierung verkauft. Nach dem Sezessionskrieg wollte die vom Präsidenten im Rahmen der Reconstruction eingesetzte Militärregierung Texas' die Rückgabe dieser Anleihen erzwingen, da die damalige separatistische Regierung nicht zum Verkauf legitimiert gewesen sei.

Der vorsitzende Richter, Chief Justice Salmon P. Chase, war zuvor Finanzminister unter Abraham Lincoln, wies jedoch alle Vorwürfe bezüglich seiner Befangenheit zurück und formulierte auch wesentlich die mit fünf gegen drei Stimmen ergangene Mehrheitsentscheidung des Gerichts.

Der Supreme Court stellt zuerst fest, dass durch den Beitritt Texas' zu den Vereinigten Staaten eine ewige und unauflösbare Union geschlossen worden sei.

b) Alaskan Supreme Court

Scott Kohlhaas, ein Bürger Alaskas, reichte im Jahr 2003 eine sog. „initiative petition" (eine Art Volksbegehren) entsprechend dem geltenden Staatsrecht ein. Hierin wurde gefordert, einen Volksentscheid darüber durchzuführen, ob sich Alaska von den USA abspalten solle. Der zuständige Lieutenant Governor stellte fest, dass das notwendige Quorum von 100 Unterschriften erreicht sei, die Petition aber inhaltlich unzulässig sei. Er wies das Ansinnen daher zurück. Der Initiator blieb auf dem Rechtsweg, der bis zum Obersten Gericht Alaskas ging,

B. Richter und Denker

letztlich erfolglos.

Der oberste Gerichtshof Alaskas berief sich dabei größtenteils auf die vorgenannte Entscheidung des US Supreme Courts. Alaska habe sich durch den Beitritt zu den Vereinigten Staaten „der unzerstörbaren Union angeschlossen, in guten wie in schlechten Zeiten, auf alle Ewigkeit". An dieser Wortwahl wird schon deutlich, dass hier eher Emotionen am Werk waren als juristische Überlegungen.

c) International Court of Justice

Im Februar 2008 erklärte die parlamentarische Versammlung des Kosovo die Unabhängigkeit der Region von Serbien. Daraufhin forderte die serbische Regierung eine „advisory opinion" des Internationalen Gerichtshofs in der Sache an. Der ICJ sollte entscheiden, ob diese Unabhängigkeitserklärung gegen internationales Recht verstößt. Das Gericht verneinte in der Entscheidung „International Court of Justice, No. 141" diese Frage im Ergebnis.

Die internationalen Reaktionen sind bemerkenswert: Diejenigen Staaten, die den Kosovo bereits zuvor anerkannt haben, begrüßten das Urteil, betonten jedoch zugleich, dass dies keinen Präzedenzfall darstelle. Die verbündeten Serbiens dagegen sehen die Tür für andere Sezessionsbewegung nun geöffnet. Aus Sicht der bestehenden Staaten scheint Separatismus stets als Gefahr verstanden zu werden.

d) Teso-Entscheidung

In der sogenannten Teso-Entscheidung musste das Bundesverfassungsgericht die Frage klären, ob eine bestimmte, rechtlich umstrittene Einbürgerung in der DDR zum Erwerb der (bundesdeutschen) Staatsbürgerschaft führen würde.

Dazu braucht man ein ganz erhebliches Vorwissen, das hier nur kursorisch dargestellt werden kann:

Das Heilige Römische Reich Deutscher Nation, das Kaiserreich

B. Richter und Denker

des Mittelalters, war kein Staat, sondern nur ein allenfalls loser Staatenbund mit der Besonderheit eines monarchischen „Daches". Dieser deutsche König und römische Kaiser (die genaue Bezeichnung wechselt) war allenfalls Vorsitzender eines Bundes unabhängiger Staaten.

Der deutsche Staat wurde erst 1867 gegründet, zunächst noch unter dem Titel „Norddeutscher Bund". Mit dem Beitritt Bayerns wurde daraus 1871 das Deutsche Reich mit dem preußischen König als Kaiser an der Spitze. Dieser Staat wurde nach dem Ersten Weltkrieg zu einer Republik, der heute sogenannten Weimarer Republik. Es blieb aber trotz aller Unterschiede in der Verfassung derselbe deutsche Staat. Nichts anderes gilt für den späteren Übergang von der Weimarer Republik zum NS-Staat.

Was jedoch nach dem Ende des Zweiten Weltkrieg staatsrechtlich passierte, war zunächst unklar. Fakt ist, dass die deutsche Staatsgewalt darniederlag, dass Besatzungsmächte die Regierung übernahmen und dass auf dem früheren Reichsgebiet neue Länder gegründet und historische Staaten wie Bayern oder Hessen mit neuem Leben erfüllt wurden. 1949 schlossen sich diese Länder unter einer neuen Verfassung namens Grundgesetz zur Bundesrepublik Deutschland zusammen.

Fraglich blieb jedoch, was die Rechtsnatur dieses Staates im Bezug auf das frühere Reich sein sollte: Ein komplett neuer Staat? Ein neues Deutschland, das zwar ein neuer Staat ist, aber doch das Erbe des alten Deutschlands antritt? Oder derselbe Staat, wie er schon seit 1867 bestand, nur wieder einmal mit neuem Namen?

Die Staatsrechtswissenschaft und mit ihr das Bundesverfassungsgericht sind von letzterem ausgegangen. Die Bundesrepublik solle demnach mit dem Deutschen Reich identisch sein. Alle bis 1945 durch dieses begründeten Rechte und Pflichten gingen

B. Richter und Denker

somit nahtlos auf die Bundesrepublik über.

Aber mehr noch: Innerhalb des früheren Reichsgebiets solle es nur eine legitime Regierung geben, nämlich diejenige in Bonn. Die damalige DDR sei weiterhin Teil Deutschlands und damit kein eigener Staat und aus (west-) deutscher Sicht auch kein Ausland. Deutschland in Gestalt des Deutschen Reiches existiere als gedachte Konstuktion solange weiter, bis die Deutsche Einheit erfolgt sei. Damit waren DDR-Bürger aus Sicht der Bundesrepublik weiterhin „ganz normale" Deutsche.

Wirklich interessant ist vor allem die Begründung, warum die DDR noch Teil des (zu diesem Zeitpunkt nur auf dem Papier existierenden) gesamtdeutschen Staates sei: Weil die „Trennung der Deutschen Demokratischen Republik von Deutschland durch eine freie Ausübung des Selbstbestimmungsrechts" noch nicht besiegelt wäre. (Leitsatz 2).

Das Bundesverfassungsgericht selbst geht also offensichtlich davon aus, dass eine Trennung eines Teils Deutschlands vom Gesamtstaat möglich ist. Mehr noch, sie bezeichnet dies als „Selbstbestimmungsrecht" der Bürger. Die DDR sei also nur deswegen noch Teil Deutschlands, weil die Staatsgründung in der damaligen sowjetischen Besatzungszone eben nicht „frei" (gemeint ist wohl: demokratisch) geschehen sei.

Vielmehr gingen die höchsten deutschen Richter – freilich ohne sich hier auf belastbare Daten stützen zu können – davon aus, dass die überwältigende Mehrheit der Bürger in Ost und West Anhänger eines wiedervereinigten, gesamtdeutschen Staates seien.

Ausdrücklich offen ließen sie dagegen, auf welche Art und Weise das Selbstbestimmungsrecht auszuüben wäre, um als frei bzw. demokratisch angesehen werden zu können. Das BVerfG zitiert

B. Richter und Denker

lediglich aus einer Entscheidung des Internationalen Gerichtshofs zum Status des West-Sahara, wonach die damit befassten Völker ihren Willen frei ausdrücken können müssen und ihren Wünschen Rechnung zu tragen sei.

C. Unabhängigkeitserklärungen

1. Declaration of Arbroath (Schottland, 1320)

Mit der Declaration of Arbroath erklärte sich Schottland im Jahr 1320 von England unabhängig. Im Gegensatz zu den meisten Unabhängigkeitserklärungen, die als Rechtssetzungsakt oder zumindest als an das internationale Publikum gerichtete Bekräftigung zu verstehen sind, handelte es sich um einen Brief an den damaligen Papst Johannes XXII. Die Person des Verfassers ist ungewiss, als Urheber der Erklärung können aber jedenfalls die 51 adligen schottischen Amtsträger gelten, die die Urkunde gesiegelt und unterschrieben haben.

Als ihr Ziel geben sie die Freiheit von englischer Herrschaft an. Dabei beziehen sie sich auf den anscheinend universalen Gedanken, wonach jeder ehrenhafte Mann die Freiheit auch mit seinem Leben verteidigen würde.

2. Declaration of Independence (USA, 1776)

Die Unabhängigkeitserklärung der 13 britischen Kolonien in Nordamerika, die später die USA bilden sollten, dürfte eines der bekanntesten juristischen Dokumente der Welt sein. Dies ist allerdings eher dem zweiten Absatz geschuldet, der in lyrisch-pathetischer Weise die Menschenrechte promulgiert.

Der Charakter einer Sezessionserklärung darf dabei aber nicht vergessen werden. Das amerikanische Volk hat sich ausweislich des Wortlauts dafür entschieden, „eine von anderen Mächten separierte und mit ihnen gleichberechtigte Position einzunehmen". Hierzu berechtige „das Gesetz der Natur und Gottes". Der „Respekt für die öffentliche Meinung der Völker" zwinge sie aber zur Angabe der Gründe für die

C. Unabhängigkeitserklärungen

Trennung.

Eine Regierung, die die genannten Menschenrechte nicht achtet, darf durch das Volk „geändert oder abgeschafft" werden. Dies ist aber im Grunde nicht mehr als ein Argument für die freiheitlich-demokratische Ordnung. Mit einer Änderung der Regierung (oder, im weiteren Sinne: der Verfassung) ist nicht zwangsläufig auch ein neuer Staat verbunden.

In den weiteren Anklagen gegen die Krone werden dagegen Menschenrechtsverletzungen genannt, die auch staatsrechtlichen Charakter haben können: Die ersten Beschwerdepunkte haben alle mit der Gesetzgebung zu tun, sei es nun die verweigerte Zustimmung zu Kolonialgesetzen, die Behinderung der legislativen Organe oder die Auflösung der Parlamente oder Ausschreibung von Neuwahlen.

Aus letzterem Gesichtspunkt wird eine interessante Theorie abgeleitet: Die gesetzgebende Gewalt sei unzerstörbar; würden nun die damit befassten Organe der Bürger abgeschafft, müsste diese Gewalt daher zum Volksganzen zurückkehren. Und dadurch, dass der englische König seine Truppen gegen die Kolonisten eingesetzt habe, habe er die Regierung faktisch aufgegeben.

3. Ordinance of Secession (South Carolina et al., 1860)

Die nach Unabhängigkeit strebenden Südstaaten wählten zur Vorbereitung und Beschlussfassung über die Sezession sog. Secession Conventions. Diese verabschiedeten sog. Secession Ordinances, in denen die Unabhängigkeit von den USA erklärt wurde. Die erste erfolgte durch den Staat South Carolina im Dezember 1860, im folgenden Jahr gingen die anderen Südstaaten den selben Weg, größtenteils mit ähnlichen Dokumenten. Neben diesen staatsrechtlichen Erklärungen wurden aber auch noch offizielle Erläuterungen der zur

C. Unabhängigkeitserklärungen

Sezession führenden Hintergründe verabschiedet.

In der Ordinance bezeichnet sich die Convention als „das Volk von South Carolina". Dies kann einerseits als Anlehnung an die Unabhängigkeitserklärung der Dreizehn Kolonien (siehe oben) gesehen werden. Andererseits ist dies möglicherweise auch ein Hinweis auf die Idee der Volkssouveränität.

Zudem wird der Widerruf der Verabschiedung der US-Verfassung erklärt. Dem liegt implizit die Rechtsauffassung zugrunde, ein derartiger Beitritt könne jederzeit oder zumindest unter bestimmten Voraussetzungen (vgl. vertragliche Theorien) widerrufen werden.

In den Immediate Causes wird zunächst auf das Jahr 1852 zurückgeblickt. Bereits damals hätte South Carolina „häufige Verletzungen der US-Verfassung durch die Bundesregierung" festgestellt. Diese Einschränkungen der Rechte der Einzelstaaten berechtigten diese, sich aus dem Bund zurückzuziehen. Hiervon sei bisher kein Gebrauch gemacht worden, aufgrund aktueller Verschlechterungen der Lage sei „Zurückhaltung jedoch keine Tugend mehr".

Zurückgegriffen wird auch auf die Unabhängigkeitserklärung, in der die Kolonien noch als freie und unabhängige Staaten mit allen üblichen Souveränitätsrechten bezeichnet werden. Auch das Recht, sich aus dem Machtbereich einer als tyrannisch empfundene Regierung zu entfernen, wird wiederum aufgegriffen.

Die Causes beschreiben die Verfassung zudem als Vertrag („compact") zwischen den Staaten, die ihn geschlossen haben. Hätten nicht alle 13 Kolonien sie bestätigt, so wären die übrigen nicht Teil des Bundes geworden. Die Macht, die dieser Vertrag auf den Bund übertragen hat, muss dabei ausdrücklich in der Verfassung genannt sein, während alle anderen Kompetenzen bei den Einzelstaaten verblieben. Zudem werde der Vertrag kündbar, wenn einer der Staaten seine Pflichten hieraus verletzt. Eine derartige, als besonders bedeutend

C. Unabhängigkeitserklärungen

angesehene Pflichtverletzung sei in der in den Nordstaaten üblichen Beherbergung von entlaufenen Sklaven aus dem Süden zu sehen.

Wenngleich die „Ordinance" dem Wortlaut nach nur eine Verfügung ist, ist doch der rechtfertigende Charakter unübersehbar. Die Verantwortlichen im Parlament South Carolinas wollten nicht nur Recht setzen, sie wollten sich auch gegenüber Außenstehenden erklären.

4. Unilateral Declaration of Independence (Rhodesien, 1965)

Rhodesien, das heutige Simbabwe, sagte sich 1965 vom britischen Staat (nicht jedoch von der Krone) los. In einer Zeit, als mehr und mehr Kolonien europäischer Großreiche ihre Unabhängigkeit erhielten, sah auch die dortige Regierung, die sich im wesentlichen auf die weiße Minderheit im Land stützte, ihre Zeit gekommen.

In der Unilateral Declaration of Independence (UDI), die sehr eng am Muster der US-Unabhängigkeitserklärung angelehnt ist, wird dieser Schritt im wesentlichen durch folgende Gesichtspunkte begründet:

1. Rhodesien war bereits seit 1923 weitgehend autonom. Die Regierung hat dem Land seitdem Wohlstand und Fortschritt gebracht.

2. In Rhodesien als ursprünglich primitivem Land wurden westliche Zivilisation und Demokratie eingeführt. Diese Errungenschaften zerfallen in anderen Kolonien des britischen Empires gerade.

3. Die britische Regierung ist zwar bereit, Rhodesien Unabhängigkeit zu gewähren, allerdings nur zu untragbaren Bedingungen. (Gemein war der Verzicht der weißen Elite auf

C. Unabhängigkeitserklärungen

ihre Ämter.)

4. Ein weiteres Hinausschieben der Eigenstaatlichkeit schadet dem rhodesischen Staat.
5. Rhodesien unterwirft sich dem Allmächtigen, der die Geschicke der Nationen lenkt.

Diese Mischung aus unterschiedlichem Gründen erstaunt zunächst, muss aber mit der Situation Rhodesiens erklärt werden: Der Staat war der erste, der einseitig aus dem britischen Kolonialreich ausstieg. Zwar hatten schon andere Länder ihre Unabhängigkeit von London erreicht, allerdings geschah dies stets einverständlich. Auch Rhodesien wäre durch die britische Regierung in die Unabhängigkeit entlassen worden, allerdings war die Voraussetzung dafür, dass die schwarze Mehrheit im Land an der Regierung beteiligt würde. Dies war für die herrschende Partei nicht akzeptabel und führte dazu, dass Rhodesien sich für ein einseitiges Vorgehen entschied.

Umso interessanter ist die inhaltliche Begründung der Erklärung: Durch die Anlehnung an die US-Unabhängigkeitserklärung wird ein allgemein respektiertes und vor allem erfolgreiches Vorbild genommen. Schließlich waren die Vereinigten Staaten (genauer: die dreizehn damaligen Kolonien) der erste und bis dahin letzte Fall einer Sezession gegen den Willen des Empires.

Durch die Bezugnahme auf die bisherige Autonomie wird die endgültige Abspaltung als relativ kleiner Schritt dargestellt, zumal Rhodesien seine Überlebensfähigkeit und seine Fähigkeit zur Selbstbestimmung ja demonstriert habe.

Schließlich sei es ungerecht, dass ausgerechnet das erfolgreiche Rhodesien seine Unabhängigkeit nicht bekomme, andere Staaten jedoch schon. Dass London an sich kein Problem damit habe, seine Kolonien

C. Unabhängigkeitserklärungen

in die Eigenstaatlichkeit zu entlassen, nimmt der Einseitigkeit die mögliche Schärfe. Zugleich wird jedoch die Bedingung der britischen Regierung als ungerechtfertigte Einmischung zurückgewiesen. Eine fremdbestimmte Selbstbestimmung soll es demnach nicht geben.

Dadurch, dass ein weiteres Zuwarten auf mögliche Kompromisse mit dem Mutterland als „schädlich" bezeichnet wird, klingen freilich wiederum gewisse Vorstellung eines Sezessionsrechts als Notwehrrechts an.

Trotzdem wurde die Sezession Rhodesiens von keinem anderen Staat anerkannt. Gleichwohl war die Loslösung durch die UDI eine endgültige, sowohl juristisch als auch faktisch. Die internationale Anerkennung erfolgte offiziell jedoch erst im Jahr 1980, als mit der gleichberechtigten Beteiligung der schwarzen Mehrheit am Regierungsprozess der Wandel hin zu einer echten Demokratie vollzogen wurde. Dieser Wandel hielt freilich nicht lange an.

D. Recht auf Sezession

1. Allgemeines Recht auf Sezession
a) Selbstbestimmungsrecht der Völker

Die treffendste, aber auch unschärfste völkerrechtliche Theorie ist das Selbstbestimmungsrecht der Völker („right to self-determination of peoples"). Es konstatiert im Grunde nur ein Prinzip, dessen Existenz von niemandem geleugnet werden kann. Es ist heutzutage schlicht nicht mehr vorstellbar, dass die Bürger eines Staates nicht über ihr eigenes Schicksal bestimmen können.

Und doch lässt es einen im Hinblick auf ein Sezessionsrecht im Unklaren: Es ist in einer globalisierten Welt, in der traditionelle Grenzen, Abgrenzungen und Volkszugehörigkeiten eine immer geringere Rolle spielen, schon nicht klar, was ein Volk überhaupt sein soll. Versteht man das Volk im Sinne des Staatsvolkes der staatsrechtlichen Trias (siehe oben), bleibt das Selbstbestimmungsrecht ohne Bedeutung. Denn diese Definition geschieht ja gerade über den bereits bestehenden Staat. Das Volk wird zum Staatsvolk und als solches hat es seinen Staat ja denklogisch bereits. Das Selbstbestimmungsrecht eines derartigen Volkes wirkt also ausschließlich nach außen, in dem Sinne, dass sich ein anderer Staat nicht in die Angelegenheiten dieses Volkes einzumischen hat. Diese Mindestbedeutung des Selbstbestimmungsrecht kann als unstreitig gelten.

Die relevante Frage ist aber, wie ein Teilvolk zu definieren wäre, das aufgrund seines (angenommenen) Selbstbestimmungsrechts die Loslösung anstreben will. Die Definition eines Volkes in „völkischer" Hinsicht, also seine Zurückführung auf eine gemeinsame Abstammung, gar auf eine bestimmte Genetik wird heute jedenfalls

D. Recht auf Sezession

zum Scheitern verurteilt sein. Die Gesellschaften moderner Staaten sind relativ vielschichtig, sie sind durch Ein- und Auswanderung und durch vielerlei Einflüsse gekennzeichnet.

Man wird eher auf ein subjektives, ein voluntatives Element zurückgreifen müssen: „Volk" ist eine Ansammlung von Menschen, die sich als Gesamtheit begreifen. Damit wird man freilich nicht auf den Willen jedes einzelnen abstellen können. Es gibt immer Personen, die sich gerade nicht der Gesellschaft zugehörig fühlen. Allerdings beeinträchtigt dies weder den Volkscharakter der Gesamtbürgerschaft noch schließt dies diese Personen auf dem Volksganzen aus.

Richtiger als ein Selbstbestimmungsrecht der Völker erscheint daher ein Selbstbestimmungsrecht der Regionen. Auch hier stellt sich freilich die Frage, wie eine derartige Region beschaffen sein muss, wenn sie ein Recht auf Selbstbestimmung wahrnehmen will.

Zunächst wäre es möglich, auf föderale Gesichtspunkte abzustellen: Eine Region, der bereits durch die bundesstaatliche Verfassung gewisse Selbstorganisationsrechte gegeben sind (z. B. die Länder der Bundesrepublik Deutschland, die Republiken der Russischen Föderation, die Bundestaaten der USA, Indiens oder Brasiliens oder die Kantone der Schweiz), dürfte schon soweit als politischer Akteur anerkannt sein, dass man ihr ein Recht auf Selbstbestimmung schwer verweigern kann.

Dies allein würde aber deutlich zu kurz greifen. Wer über Selbst-Bestimmung diskutiert, setzt die Existenz eines „Selbst" voraus, das als Gegensatz zu einem „Andere" begreifbar ist. Es muss also eine Region deutlich unterscheidbar sein von dem Land, in dem sie sich aktuell befindet. Hierzu gehören kulturelle, sprachliche, aber auch historische Gesichtspunkte. Ein bedeutender Anhaltspunkt ist jedenfalls, wenn die betreffende Region in ihrer Geschichte zeitweise eigenständig war.

Insgesamt wird man wohl sowohl eine Innenperspektive

D. Recht auf Sezession

(Zusammengehörigkeitsgefühl der Bürger und ein Bewusstsein für ihre Eigenheiten) als auch eine Außenperspektive (Wahrnehmung der Region als „distinkt" durch einen informierten Betrachter) fordern müssen.

Ob sich diese Perspektiven bereits im Sinne einer (verfassungsrechtlichen) Regionalisierung innerhalb des Gesamtstaates und seiner Organisationsstruktur niedergeschlagen haben, kann dagegen nicht von Bedeutung sein. Oftmals ist es der Gesamtstaat, der über das Ob, Wieweit und Wie der Zuständigkeit der Regionen entscheidet („Kompetenz-Kompetenz") und teilweise sogar die Einteilung seines Staatsgebiets völlig reformieren könnte. Würde man für die Anerkennung einer selbstbestimmten Region fordern, dass diese auch innerhalb des bestehenden Staates bereits Anerkennung als Körperschaft (Bundesland, Kanton, Provinz etc.) gefunden hat, würde das Selbstbestimmungsrechts folglich ins Belieben des Zentralstaats gestellt. Die Selbstbestimmung würde damit – in letztlich kaum begründbarer Weise – ins Belieben einer fremdbestimmenden Kraft gestellt.

Insgesamt muss es also bei einer Distinktion über die erwähnte Innen- und Außenperspektive bleiben, ohne dass staatsorganisatorische Einteilungen eine Rolle spielen können.

Danach wird man bspw. ohne weiteres zum Schluss kommen, dass Bayern eine sezessionsfähige Entität wäre. Nichts anderes wird aber wiederum für die Franken innerhalb Bayerns gelten. Dass sich aber auch der Landkreis Roth von Mittelfranken abspalten kann, dürfte dagegen schwer mit dem Selbstbestimmungsrecht des „Kreisvolkes" zu begründen sein.

b) Prospektive Staatlichkeit

Regionen, die nach Unabhängigkeit streben, könnten bereits die Rechtsposition wahrnehmen, die ihnen als spätere Staaten zufallen. Dies würde bedeuten, dass auch sie bereits ihre territoriale Integrität

D. Recht auf Sezession

beanspruchen könnten, obgleich sie noch kein Territorium besitzen. Voraussetzung dafür wäre dann aber, dass der präsumptive Staat bereits nach seinem Staatentrias ausreichend bestimmbar ist. Dies wird in der Regel erst dann der Fall sein, wenn bereits klar ist, in welchen Grenzen der Staat seine Staatlichkeit beanspruchen wird. Beim Beispiel Bayern könnte dies der gesamte Freistaat Bayern, wie er derzeit Land der Bundesrepublik Deutschland ist, sein. Ebenso möglich wäre aber auch ein Bayern in den altbayerischen Grenzen, also ohne Schwaben und Franken (oder auch nur mit einem von beiden).

Diese Unsicherheit müsste also eine Konkretisierung erfahren, z. B. durch ein Volksbegehren, das das Staatsgebiet zweifelsfrei bezeichnet. Damit würde aber den Initiatoren eines solchen Referendums die Deutungshoheit darüber zukommen, wie eine völkerrechtliche Entität (die ja bereits eine staatsanaloge Position bekäme) verfasst ist. In gewisser Weise wäre das folgerichtig, da die Initiatoren mit der Formulierung ihres Begehrens wesentlichen Einfluss darauf nehmen, wie der zu gründende Staat aussehen soll. Enorme Folgeprobleme ergäben sich auch, wenn konkurrierende Volksbegehren mit unterschiedlichen Staatsgebieten initiiert werden.

Richtiger erscheint dagegen, erst einem existierenden Staat seine Staatsqualität zuzuerkennen. Ein nicht-staatliches „Etwas", das zum Staat werden könnte (also Staatsgebiet, Staatsvolk und zumindest potentiell auch Staatsgewalt besitzt) und damit Staatsrecht besäße, kann aber von diesem Weg nicht ausgeschlossen werden und muss auf diesem Weg respektiert werden. Ansonsten gäbe es die paradoxe Situation, dass vor Erlangung der Unabhängigkeit kein staatliches Recht bestünde, das Streben nach Unabhängigkeit möglicherweise sogar rechtswidrig wäre und bekämpft werden könnte; vom Moment der Eigenstaatlichkeit an müsste jedoch das Recht auf staatliche Integrität gelten, das schließlich auch der einstigen Mutterstaat von der Wiedereinverleibung ausschließen würde. Dementsprechend muss also einen Anspruch anerkannt werden, überhaupt erst ein Staat mit

D. Recht auf Sezession

staatlichen Rechten zu werden.

Die Frage ist nur, ob diese Erkenntnis ein Recht auf Sezession befördern kann. Ob eine Region ein Staat werden kann, ist nicht nur dadurch zu beantworten, dass man die Existenz von Gebiet, Volk und Staatsgewalt feststellt. Ansonsten wäre eine völlig willkürliche Gründung von beliebigen neuen Staaten möglich.

Vielmehr muss eine einigermaßen berechenbare Art und Weise zur Feststellung prospektiver Staaten festgelegt werden. Dies kann z. B. ein Zurückgreifen auf aktuelle sub-staatliche Einteilungen (Verwaltungsbezirke, Bundesländer), auf Volksgruppen oder auf historische Zusammengehörigkeiten sein. Möglicherweise kann auch in rein kulturelles oder ein emotional geteiltes Zusammenpassen ausreichen.

Insgesamt nähern sich diese Kriterien damit sehr denen des Volkes im Sinne des Selbstbestimmungsrechts der Völker an. Insoweit sind also weder die sachlichen Grundlagen unterschiedlich, noch die Rechtsfolge (Recht auf Sezession). Lediglich die Begründungsmuster auf dem Weg dorthin sind andere.

Aber auch dieser scheinbare Unterschied hält einer genaueren Betrachtung nicht stand: Was ist das Recht auf territoriale Integrität (wenn man ein solches Recht entgegen guter Gründe, siehe unten, überhaupt annimmt) denn anderes als das Recht auf Selbstbestimmung? Der Staat, der seine Grenzen wahren will, ist nichts anderes als das Volk (der Staatssouverän), das sich äußere Einmischung verbietet. Somit löst sich auch der Scheinwiderspruch zwischen territorialer Integrität und Sezessionsrecht auf.

c) Theorie des Bundesvertrags

In der Rechtswissenschaft ist anerkannt, dass jeder auf Dauer angelegte Vertrag auch ohne explizite Vereinbarung gekündigt werden kann. Schon das BGB sieht Verträge und andere Bindungen über mehr als 30 Jahre äußerst kritisch (§§ 202, 544, 594b).

D. Recht auf Sezession

Betrachtet man das Grundgesetz als den Vertrag, der die Bundesrepublik historisch hat entstehen lassen und noch immer deren staatliche Belange regelt, so sind alle Länder autonome Vertragspartner. Die damalige Vorgehensweise der Ausformulierung durch den Parlamentarischen Rat und die anschließende Ratifizierung durch die Volksvertretungen legt diese Betrachtung nahe. Auch die Tatsache, dass der bayerische Landtag dem Grundgesetz nicht zugestimmt, aber trotzdem dessen Geltungsbereich auf Bayern erstreckt hat, spricht deutlich dafür. Als Vertragspartner kann der Freistaat nicht auf ewige Zeiten an den einmal geschlossenen Vertrag gebunden bleiben.

d) Theorie der organischen Äquivalenz

Konnten bspw. die Volksvertreter des Jahres 1787 New Jersey wirksam vertreten und die Ratifizierung der US-Verfassung und damit den Beitritt des damaligen souveränen Staates zur Union beschließen, so muss dieses Recht grundsätzlich auch den folgenden Volksvertretern zustehen. Wäre die einmal erklärte Zustimmung für immer verbindlich und unwiderruflich, so wäre die Macht der heutigen „General Assembly" New Jerseys erheblich beschränkt. Zwar sind Staatsorgane unbestritten an ihre früheren Entscheidungen, auch an diejenigen vorheriger Wahlperioden unter teilweise anderen Mehrheitsverhältnissen, gebunden, jedoch kann diese Bindung nicht unbeschränkt sein. Nach einigem gewissen Zeitablauf muss der Landtag jedenfalls neu disponieren können.

Soweit der Staat dabei lediglich Hoheitsbefugnisse im Sinne einer einseitigen Rechtssetzung wahrnimmt, bedarf es grundsätzlich keiner Bindungswirkung. Insoweit ist jedes Parlament frei, jederzeit bspw. das Strafrecht oder das Steuerrecht neu zu regeln. Der Bürger wird durch das Rückwirkungsverbot und andere Vertrauenstatbestände ausreichend geschützt.

Anders verhält es sich dagegen in Fällen, in denen der Staat (privatrechtlich, öffentlich-rechtlich oder völkerrechtlich)

D. Recht auf Sezession

Vertragspartner wird. Die für den politischen und rechtlichen Alltag notwendige Beständigkeit von Entscheidungen verlangt nach einer gewissen definitiven Dispositionsbefugnis für die Zukunft.

Eine solche könnte in der Verfassung des jeweiligen Staates niedergelegt sein. Dann wäre die Vertretungsmacht des jeweiligen Organs ohne weiteres und für alle Personen, die es angehen könnte, ersichtlich eingeschränkt. Eine derartige Bestimmung lässt sich jedoch in keiner derzeit gültigen Verfassung finden. Die Festlegung muss also durch Analogieschluss oder ähnliche Bestimmung erfolgen.

Fraglich ist nun, welcher Zeitablauf dafür heranzuziehen ist. Zu kurz wäre sicher die Anknüpfung an die nächsten allgemeinen Neuwahlen der gesetzgebenden Körperschaft. Ein Dritter hat hierauf keinerlei Einfluss und muss jederzeit – zumindest in Staaten mit auflösbarem Parlament – mit baldigen Neuwahlen rechnen. Auch das reguläre Ende der Legislaturperiode ist bestenfalls einige Jahre entfernt. Würde man die Bindungswirkung nun derart kurz festlegen, dann wären die Kompetenzen des Parlaments drastisch beschränkt: Kein Dritter würde einen derart unsicheren Vertrag abschließen.

Als unteres Ende für die Bindungswirkung kann damit zumindest die allgemeine Dauer einer Amtsperiode festgelegt werden. Dies sind bspw. zwei Jahre beim US-Repräsentantenhaus, zwei bzw. vier Jahre bei den beiden Kammern New Jerseys und fünf Jahre beim bayerischen Landtag. Auch Amtszeiten von sieben Jahren (Präsident Frankreichs) kommen durchaus vor. Dabei wäre es jedoch verfehlt, auf das zustimmende Land selbst abzustellen. Dieses könnte sich der Bindungswirkung dann durch eine einfache Verfassungsänderung zur Verkürzung der Legislaturperioden entledigen. Vielmehr muss aus internationaler Rechtspraxis eine für alle Staaten gleichmäßig Bindungsdauer festgestellt werden.

Insoweit erscheint es also angemessen, mindestens eine zehn- bis zwölfjährige Bindungsdauer anzunehmen.

D. Recht auf Sezession

e) Demokratisch-rechtlicher Ansatz

Praktisch alle modernen Staaten bekennen sich umfassend zum Demokratieprinzip. Diese Demokratie kann aber nur dann als gewährleistet angesehen werden, wenn sich Mehrheiten auch unterhalb der Gesamtstaatsebene bilden können; dies ergibt sich – selbstredend nur in föderalen Staaten – auch aus dem Föderalismusprinzip. In ureigenen Angelegenheiten muss daher auch den Mehrheitsverhältnissen in einzelnen Ländern eine selbständige Bedeutung zukommen.

f) Entrechtlicht-politischer, demokratisch-faktischer Ansatz

Die Demokratie ist aber nicht nur rechtlich anerkannt, sie ist ein unbestrittenes Aufbaumerkmal und des politischen Prinzips. Eine Abstimmung, bei der ein Landesteil mit großer Mehrheit für die Loslösung stimmt, könnte nicht einfach ignoriert werden. Der Volkswille ist, völlig unabhängig von der rechtlichen Grundlage für die Abstimmung, zu respektieren. Faktisch könnte es sich keine Regierung leisten, entgegen eines eindeutigen Referendums weiter Loyalität zum Staat zu verlangen, ohne dass ihr Demokratiedefizite vorgeworfen würden.

2. Mögliche Argumente einer bayerischen Unabhängigkeitserklärung

a) Inkorporation internationalen Rechts (Art. 25 I GG)

Gemäß Art. 25 Abs. 1 Satz 1 sind die Regeln des internationalen Rechts Bestandteil des Grundgesetzes. Nach Satz 2 stehen sie zudem über den einfachen Gesetzen der Bundesrepublik. Hieraus kann man e

D. Recht auf Sezession

contrario folgern, dass sie aber nicht über der Verfassung stehen. Insofern könnte ein völkerrechtlicher Anspruch auf Sezession also durch das Grundgesetz selbst eingeschränkt werden. Notwendig hierfür wäre jedoch eine ausdrückliche Regelung. Zuvor stellt sich auch die Frage, ob eine solche Einschränkung überhaupt zulässig wäre oder ob sie nicht selbst im Widerspruch zum internationalen Recht stünde.

(1) Bestehen eines Sezessionsrechts nach internationalem Recht

Zunächst müsste überhaupt ein Sezessionsrecht im internationalen Recht bestehen. Dies ist jedoch, siehe oben, der Fall.

(2) Einschränkbarkeit des Sezessionsrechts

Eine Einschränkbarkeit des Sezessionsrechts wäre zunächst durch Einwilligung denkbar. Die allgemeine Ansicht, wonach dem Einwilligenden kein Unrecht widerfährt, darf sicher auch im Völkerrecht Anwendung finden. Zwar hat Bayern bezeichnenderweise genau aus Gründen des Bund-Länder-Verhältnisses das Grundgesetz abgelehnt. Diese Verweigerung der Zustimmung hatte jedoch keine unmittelbaren Folgen für die Bundesrepublik, da das Quorum von zwei Dritteln der beteiligten Landtag trotzdem erreicht wurde.

Zugleich hat der Landtag jedoch den Beitritt Bayerns zum Geltungsbereich des Grundgesetzes beschlossen und damit zweifelsfrei in das Grundgesetz und alle seine Komponenten eingewilligt. Sollte im Grundgesetz explizit oder implizit eine vollständige oder teilweise Einschränkung des Sezessionsrechts enthalten sein, könnte dies die Rechtslage erheblich beeinflussen.

(3) Einschränkung durch das Grundgesetz

Erfolgt eine derartige Einschränkung aber tatsächlich? Es findet

D. Recht auf Sezession

sich im gesamten Grundgesetz keine Regelung, die einem Staat den Austritt ausdrücklich verbieten würde. Möglicherweise sind aber einzelne Bestimmungen dahingehend auszulegen.

a) Normativer Gehalt der Präambel des Grundgesetzes

In der Präambel des Deutschen Grundgesetzes werden die Länder der Bundesrepublik einzeln namentlich aufgezählt. Vereinzelt wird vertreten, auch diese Liste habe normativen Gehalt: Jedes Land, das hier aufgelistet ist, wäre dann unabwendbar ein Bundesland der Bundesrepublik. Und solange dieses Land in der Präambel aufgeführt ist, wäre es auch Teil der Bundesrepublik.

Damit wäre für die Unabhängigkeit eines Landes notwendig, dass dieses aus der Aufzählung entfernt, mithin eine Verfassungsänderung vorgenommen wird. Dies würde die Zustimmung anderer Länder im Bundesrat (Zwei-Drittel-Mehrheit) erfordern.

Dass eine Aufzählung der Länder aber überhaupt normativen Gehalt hat, darf bezweifelt werden. Zwar ist die Präambel an sich unstreitig nicht lediglich eine unverbindliche Einleitung, sondern genauso Teil der Verfassung wie alle anderen Artikel des Grundgesetzes auch. („KPD-Urteil", BVerfG, 17.08.1956, 1 BvB 2/51) Welche Rechtswirklng aber von einer Aufzählung der Gliedstaaten überhaupt ausgehen kann und soll, ist eine davon zu trennende Frage.

Schon das Grundgesetz vor 1990 bezeichnete seinen Geltungsbereich in Art. 23 (alte Fassung). Diese Aufzählung wurde jedoch nicht an den Beitritt neuer Länder angepasst, das Saarland fehlte bis 1990 ebenso wie Baden-Württemberg. Und schon von Anfang war der Geltungsbereich falsch bezeichnet, indem „Groß-Berlin" zum Land der Bundesrepublik erklärt wurde, obgleich der Ost-Teil unstrittig nicht dazugehörte und West-Berlin zumindest offiziell einen Sonderstatus hatte und nicht zur BRD gehörte.

D. Recht auf Sezession

Wenn der Geltungsbereich über vier Jahrzehnte derart nachlässig behandelt wurde, ist nicht ersichtlich, warum er nun auf einmal eine solche Wichtigkeit bekommen sollte. Die Aufzählung der Länder erfolgt eher informativ bzw. klarstellend.

b) Schutzgut "Bestand der Bundesrepublik"

Art. 21 Abs. 2 des Grundgesetzes sieht als eine von zwei Tatbestandsvoraussetzungen für den Verbot von Parteien eine Gefährdung des „Bestands der Bundesrepublik Deutschland" vor. Ob ein Grund, eine Partei zu verbieten, ohne weiteres auch als allgemeines Verbot, sich für eine bestimmte Zielrichtung einzusetzen, verstanden werden kann, ist schon fraglich. Die Frage, ob eine bestimmte Bestrebung unter dem Schutz des Parteienrechts stehen soll, ist eine gänzlich andere als die, ob das Ziel im Übrigen legal ist. So ist beispielsweise Beleidigung nach der geltenden Rechtslage strafbar, eine Partei dürfte sich aber ohne Weiteres für die Legalisierung von Beleidigungen einsetzen. Man muss also grundsätzlich zwischen Tun und Wollen unterscheiden.

Nehmen wir aber an, dass das Verbot für Parteien, den Bestand der Bundesrepublik zu beeinträchtigen, aus einem allgemeinen Rechtsgedanken entspringt, der jegliche Aktion in diese Richtung – praktisch „erst recht" – für illegal erklärt.

Zunächst erscheint fraglich, ob diese Formulierung überhaupt auf separatistische Bestrebungen anzuwenden wäre. Der Bestand der Bundesrepublik ist nicht beeinträchtigt, diese würde auch ohne das Land Bayern weiterexistieren und wäre als Völkerrechtssubjekt lediglich territorial verändert.

In den wenigen Worten (zwischen einem Halbsatz und maximal drei Zeilen), die die meisten Grundgesetz-Kommentare hierauf verschwenden, lässt sich jedoch eine durchgehende Linie ausmachen: Eine komplette Beseitigung der Bundesrepublik als eigenständiges

D. Recht auf Sezession

Land ist nicht erforderlich. Geschützt ist nicht nur der Bestand Deutschlands an sich, sondern auch die territoriale Integrität. Interessanterweise wurde die Vorschrift im Parlamentarischen Rat kaum diskutiert, sondern erst kurz vor Schluss auf Betreiben der SPD ins Grundgesetz aufgenommen. Die damalige Begründung lässt heute durchaus Aufhorchen: Insbesondere in Bayern sei aufgrund der jüngsten Erfahrungen des NS-Regimes sowie kultureller, historischer und politischer Besonderheiten ein Anwachsen des Separatismus zu erwarten. Eine Abspaltung der „Kornkammer Deutschlands" könne sich die Bundesrepublik aber nicht erlauben.

Über den reinen Gesetzestext hinaus wird aber – zumindest im Alternativfalle der Bekämpfung der freiheitlich-demokratischen Ordnung – auch noch das Vorliegen einer „aggressiv kämpferischen Grundhaltung" gefordert. Was dies genau bedeutet, ist noch immer ungeklärt. Im Urteil gegen die KPD wird deren Vorliegen jedenfalls ohne nähere Definition bejaht – aktiv kämpferisch handelt nach den Worten des Bundesverfassungsgerichts, wer aktiv kämpft...

Teilweise legt die Literatur dieses Merkmal so aus, dass eine kämpferische Haltung schon dann vorliegt, wenn die Partei ihre geäußerten Ziele auch tatsächlich durchsetzen will – damit würde das Merkmal jegliche Bedeutung verlieren, da man dies jeder politischen Partei unterstellen muss. Das umgekehrte Extrem behauptet, dass eine Aggression erst dann vorliegt, wenn die Partei mit Gewalt vorgeht. Nun muss es sich der Staat freilich auch nicht gefallen lassen, jede Form von Verfassungsfeindlichkeit (und um diese Tatbestandsalternative geht es ja in der Regel und nicht etwa um den Separatismus) dulden zu müssen, solange eine Organisation nur nicht zu den Waffen greift.

Zutreffender erscheint schon die Meinung, eine Partei könne nur dann verboten werden, wenn sie ihre Ziele um jeden Preis, mit jedem Mittel und ohne Rücksicht auf die Legalität durchsetzen will. Da kaum zu erwarten ist, dass jemals eine separatistische Bewegung ohne eine demokratische Abstimmung (in der Regel durch direktes Referendum)

D. Recht auf Sezession

die Unabhängigkeit erreichen will, dürfte diese Grundgesetzvorschrift kaum jemals zur Anwendung kommen.

Nun ist aber nicht auszuschließen, dass das Grundgesetz (direkt oder über den Umweg des Völkerrechts) die Unabhängigkeit erlaubt. Dementsprechend würde es das Grundgesetz also einerseits zulassen, dass sich ein Land für eigenständig erklärt, andererseits aber verbieten, dass sich eine Partei genau dafür einsetzt. Insoweit legen verschiedene Rechtswissenschaftler den Artikel 21 so aus, dass er nur Parteien betrifft, die auf undemokratische Weise die Sezession verlangen.

Als Maxime kann jedenfalls die Ansicht des BVerfG im KPD-Urteil gelten: „Es ist der Zweck des Art. 21 Abs. 2 GG, das Aufkommen von Parteien mit antidemokratischer Zielsetzung zu verhindern." Innerhalb der demokratischen Ordnung des Grundgesetzes kann keine Partei verboten werden – auch dann nicht, wenn sie den räumlichen Bereich dieser Ordnung verlassen will. Dementsprechend gab es auch nie Vorstöße, eine der Regionalparteien in Deutschland verbieten zu lassen.

c) Bundeszwang

Ein oft genannter und juristischen Laien auch einleuchtender Kandidat wäre Art. 37: „Wenn ein Land die ihm obliegenden Bundespflichten nicht erfüllt, kann die Bundesregierung die notwendigen Maßnahmen treffen, um das Land im Wege des Bundeszwanges zur Erfüllung seiner Pflichten anzuhalten."

Hierbei wird jedoch übersehen, dass es sich bei dieser Bestimmung um einen sogenannten Rechtsfolge- und um keinen Rechtsgrundtatbestand handelt. Art. 37 Abs. 1 ordnet an, was passiert, wenn ein Land seine Pflicht nicht erfüllt. Die Vorschrift sagt aber nichts dazu, welche derartigen Pflichten es gibt. Eine solche Pflicht muss also irgendwoanders im Grundgesetz stehen. Würde Bayern durch den Austritt eine im Grundgesetz klar normierte Pflicht verletzen, wäre der

D. Recht auf Sezession

Bund über diese Vorschrift dazu ermächtigt, Gegenmaßnahmen zu treffen.

Allerdings bleibt auch insoweit Art. 37 Abs. 1 GG nur eine reine Handlungsbevollmächtigung. Die Rechtswidrigkeit würde sich dann schon aus der Pflicht selbst ergeben, nicht erst aus der Möglichkeit des Bundes, darauf zu reagieren.

Allenfalls die Pflicht der Länder, die Bundesgesetze auszuführen, könnte durch ein ausgetretenes Land verletzt werden. Diese Pflicht ist aber untrennbar mit der Rolle des Landes als Bundesland verknüpft. Solange das Land Teil des Bundes ist, muss es auch dessen Gesetze ausführen. Einen Anspruch darauf, dass ein nunmehr fremdes Land das Recht des Bundes anerkennt, kann es nicht geben.

d) Fehlen einer ausdrücklichen Erlaubnis

Möglicherweise ist das Fehlen einer ausdrücklichen Separationserlaubnis aber auch als implizites Separationsverbot zu sehen. Für die Umgestaltung von Ländern unter dem Dach des Grundgesetzes finden sich spezielle Regelungen (Art. 31 GG). Aber schon für den Beitritt zur Bundesrepublik war die Regelung äußerst spärlich; Art. 23 GG a. F. Setzte nur die Rechtsfolge hierfür fest (und auch dies allenfalls rudimentär): Sobald ein Land dem Bund beigetreten ist, sollte auch das Grundgesetz in diesem Land gelten – eine Regelung, die sich an sich auch von selbst versteht. Im Umkehrschluss muss man daher auch annehmen, dass das Grundgesetz seine Geltung in einem Land verliert, sobald dieses aus dem Bund ausgeschieden ist.

Ausdrücklich geregelt ist dies jedoch nicht. Würde man davon ausgehen, dass ein Föderalstaat bereits von sich aus eine Durchbrechung der allgeeinen Separationserlaubnis darstellt, müsste es innerhalb der Verfassungssystematik eine Erlaubnis für die Abspaltung geben. Eine solche ist beispielsweise in der liechtensteiner Verfassung

D. Recht auf Sezession

vorgesehen, wo Gemeinden durch Referendum austreten können.

Insgesamt befremdet die Annahme einer solchen Notwendigkeit aber eher: Faktisch würde sie das Selbstbestimmungsrecht in ein vom Staat abgeleitetes Recht umdeuten. Es ist ein – nicht nur dogmatischer – Unterschied, ob ein Selbstbestimmungsrecht völkerrechtlich besteht und verfassungsmäßig eingeschränkt und modifiziert werden kann oder ob man das Selbstbestimmungsrecht als im Zweifel eingeschränkt annimmt und eine Ermächtigung fordert.

Fraglich ist auch, ob ein solches Erfordernis einer Abspaltungserlaubnis nicht systemwidrig wäre. Es ist das Wesen der freiheitlich-demokratischen Grundordnung, dass jeder Bürger prinzipiell tun und lassen darf, was er will. So ähnlich wollte es der Parlamentarische Rat auch ins Grundgesetz schreiben; er wählte dann aber eine verklausuliertere, juristischere Form: „Jeder hat das Recht auf die freie Entfaltung seiner Persönlichkeit." (Art. 2 Abs. 1 GG)

Der Charakter der allgemeinen Handlungsfreiheit als Auffanggrundrecht ist wohl insgesamt unbestritten. Jede beliebige Handlung fällt unter Art. 2 Abs. 1 GG. Ein Eingriff in diese Freiheit kann grundsätzlich nur durch gesetzliche Eingriffsermächtigung erfolgen.

Freilich gelten Grundrechte nur für Menschen, nicht aber für Länder. Aber auch die Länder haben ihr eigenes Quasi-Grundrecht auf Handlungsfreiheit: „Die Ausübung der staatlichen Befugnisse und die Erfüllung der staatlichen Aufgaben ist Sache der Länder, soweit dieses Grundgesetz keine andere Regelung trifft oder zulässt." (Art. 30 GG)

Die Frage, nach der sich die Rechtmäßigkeit einer Unabhängigkeitserklärung bemessen würde, wäre also: Gibt es eine Bestimmung des Grundgesetzes, die einen Austritt verbietet? Eine Pflicht, auf ewig im Staatsgebilde zu verweilen, steht aber nirgends.

D. Recht auf Sezession

(4) Ergebnis

Das Sezessionsrecht nach Völkerrecht wird also nicht durch das Grundgesetz eingeschränkt, es wird vielmehr über Art. 25 I 1 in das deutsche öffentliche Recht inkorporiert. Der Freistaat Bayern kann damit schon aus Gründen des internationalen Rechts aus der Bundesrepublik Deutschland austreten.

b) Umkehrung des Beitritts

Die Theorie der „Umkehrung des Beitritts" geht davon aus, dass, wenn der Landtag den Beitritt erklären konnte, er auch in der Lage sein muss, diesen Beitritt zu widerrufen. Derartiges ist ein gängiger Gedanke im Recht und wird gemeinhin als „actus contrarius", also als gegensätzliche Handlung bezeichnet. Alltägliche Beispiele sind der Abschluss eines Mietvertrags, der dann aber auch wieder gekündigt werden. Ebenso kann ein Verein seinen Vorstand wählen, aber auch wieder abwählen.

Würde man eine Umkehrung des Beitritts nicht zulassen, wäre die gesamte Staatlichkeit Bayerns in die Hände des ersten Landtags nach dem Zweiten Weltkrieg gelegt worden. Eine solche Vorstellung, wonach eine einmal gewählte Volksvertretung eine geradezu ewige Bindung an ihre eigene Entscheidung beschließen könnte, wäre mit demokratischen Grundsätzen schwerlich zu vereinbaren.

Dem steht allerdings gegenüber, dass ein actus contrarius normalerweise im Gesetz festgelegt ist, die Kündigung des Mietvertrags etwa in § 568 BGB und die Abberufung des Vereinsvorstands in § 27 Abs. 2 BGB (sowie regelmäßig in der Vereinssatzung).

Ob eine Umkehrung des Beitritts möglich ist, wird man also auch im Rechtsrahmen des Grundgesetzes am übrigen Inhalt messen müssen. Dass im Beitrittsentschluss selbst bereits die Möglichkeit des Widerrufs und damit Austritts angelegt ist, lässt sich zumindest nicht ohne Weiteres schlussfolgern.

D. Recht auf Sezession

c) Länderneugliederung durch Ausgliederung

Im Grundgesetz, Artikel 29, ist vorgesehen, dass sich Länder neu gliedern, also bspw. ihre Grenzen verschieben oder sich vereinigen können. Dies erfolgt regelmäßig durch einen Volksentscheid. Dadurch sind jedoch äußerst weitreichende Umgestaltungen der Bundesrepublik im Inneren (also ohne Antasten der äußeren Grenzen zu anderen Staaten) möglich.

Dass diese Vorschrift nicht unmittelbar auf eine Veränderung der Außengrenzen Deutschlands anwendbar ist, ergibt sich aus ihrem Wortlaut. Wenn aber das Grundgesetz den Ländern die Kompetenz einräumt, das eigene Staatsgebiet umzubilden, spricht dies auch für die Zuerkennung einer ganz erheblichen Souveränität.

Diese könnte analog auch auf eine Länderneugliederung durch Ausgliederung eines Landes anwendbar sein.

Hiergegen spricht allerdings schon der Wortlaut der Vorschrift, der ausdrücklich nur eine Neugliederung des Bundesgebiets vorsieht. Auch, dass in Abs. 2 die Gesetzgebungskompetenz – grundsätzlich – beim Bund liegt und die betroffenen Länder lediglich „zu hören" sind, lässt eine derartige Auslegung eher nicht zu.

Insgesamt würde hier der erkennbar beabsichtigte Regelungsgehalt der Vorschrift deutlich überschritten. Eine Ausgliederung wäre über Art. 29 GG alleine jedenfalls schwer zu rechtfertigen.

d) Beschränkte Bundeskompetenz

Gemäß Art. 30 GG sind die Länder für alles zuständig, was nicht ausdrücklich der Bundeskompetenz unterliegt. Insoweit besteht eine umfassende Vermutung, dass die Länder zur Gesetzgebung und zu allen anderen staatlichen Maßnahmen befugt sind und eben nicht der Bund. Diese Vermutung muss im Grundgesetz widerlegt werden, indem dieses den Bund explizit für zuständig erklärt. Dies ist z. B. in Artikel

D. Recht auf Sezession

73 („Der Bund hat die ausschließliche Gesetzgebung über") der Fall.

Nirgends im Grundgesetz ist geregelt, dass der Bund für die Frage zuständig ist, ob ein Land den Bund verlassen darf. Dementsprechend müsste diese Zuständigkeit bei den Ländern (also bei jedem Land für sich selbst) liegen.

Diese Tatsache ist nicht nur als Nicht-Verbot der Sezession (siehe oben) anzusehen, sondern schafft auch eine eigene Anspruchsgrundlage für die Anerkennung der Loslösung. Wenn die Länder nicht einmal darin beschränkt sind, den Bund zu verlassen, können sie selbst durch gesetzgeberische oder andere Maßnahmen tätig werden und somit aus sich selbst heraus ihre Unabhängigkeit erklären.

e) Auflösend bedingter Beitritt

Dass der Bayerische Landtag das Recht hatte, den Beitritt zur Bundesrepublik zu erklären, ergibt sich aus Art. 178 der Bayerischen Verfassung: „Bayern wird einem künftigen deutschen demokratischen Bundesstaat beitreten. Er soll auf einem freiwilligen Zusammenschluß der deutschen Einzelstaaten beruhen, deren staatsrechtliches Eigenleben zu sichern ist."

Dieser Artikel beinhaltet verschiedene Anforderungen: So musste dieser Staat ein Bundesstaat sein (und nicht etwa ein Zentralstaat), er musste deutsch sein (Bayern hätte sich also nicht an Österreich anschließen können) und außerdem noch demokratisch.

Die Ermächtigung des Bayerischen Landtags zum Beitritt zur Bundesrepublik unterlag schließlich der Bedingung, dass das staatsrechtliche Eigenleben der Länder zu sichern ist. Wenn diese also in ihrer Souveränität so eingeschränkt werden, dass sie als politische Akteure nicht mehr erkennbar sind, ist die Mitgliedschaft Bayerns im Bund nicht mehr durch die Bayerische Verfassung gedeckt.

Fraglich ist jedoch, wer feststellt, ob das staatsrechtliche Eigenleben Bayerns noch gesichert ist. Geradezu widersinnig wäre es,

D. Recht auf Sezession

diese Einschätzungskompetenz auf den Bund zu übertragen. Sinn der Einschränkung ist ja gerade, Bayern gegen einen übermäßigen Verlust seiner Kompetenzen zu schützen. Wenn der Bund nun darüber bestimmen könnte, wie viele Zuständigkeiten er sich auf Kosten Bayerns nimmt, wäre allein damit schon das staatliche Eigenleben des Freistaats ernsthaft in Frage gestellt. Wenn man nach dem Zweck der Vorschrift geht, kann die Entscheidung darüber nur bei Bayern selbst liegen.

Im Endeffekt wird es sich um eine politische Entscheidung handeln, die politischer Einschätzung unterliegt. Ein Gericht wird kaum von sich aus zu der Erkenntnis kommen, dass die auflösende Bedingung des Art. 178 BV erfüllt ist. Vielmehr muss ein Verfassungsorgan (wohl der Landtag, da dieser ja den Beitritt beschlossen hat und das Vorliegen der Voraussetzungen beurteilen musste) den Beitritt für erledigt erklären, was vom Verfassungsgerichtshof und evtl. auch vom Bundesverfassungsgericht auf Ermessensfehlerfreiheit zu überprüfen wäre.

f) Theorie der Freiwilligkeit

Die künftige Bundesrepublik wird in Art. 178 BV als „freiwilliger Zusammenschluss" bezeichnet. Dies bedeutet zunächst unbestreitbar, dass die Länder, die diesen Staat bilden sollen, in eigener Entscheidung ihren Beitritt beschließen müssen.

Fraglich ist aber, ob die Freiwilligkeit nach Vollzug des Zusammenschlusses noch immer gegeben sein muss. Die Länder könnten ihr Dispositionsrecht auch mit dem Beitritt zum Geltungsbereich des Grundgesetzes an die Bundesorgane abgegeben haben.

Dies wäre allerdings befremdlich: Dass ein Land auf seinen freien Willen, den es zuvor ausdrücklich und unter Vorgriff auf die zu erwartende Neugründung (oder zumindest Neuorganisation) Deutschlands in seine Verfassung ausgenommen hat, nur ein einziges

D. Recht auf Sezession

Mal ausüben wollte, erscheint abwegig. Vielmehr ist der Passus so zu verstehen, dass auch das Verbleiben im Bund vom (weiteren) freien Willen der Staaten getragen sein muss. Endet der Wille hierzu, so wollte sich Bayern das Recht auf Ausscheiden aus dem Bund zumindest vorbehalten.

Fraglich ist aber, ob diese Regelung auch Außenwirkung auf den Bund entfalten kann. Klar ist, dass jedes bayerische Staatsorgan grundsätzlich hieran gebunden ist. Der Landtag hätte also den Beitritt zur Bundesrepublik nicht beschließen dürfen, wenn der Zusammenschluss keine freiwillige Basis gehabt hätte. Dies hätte der Landtag dann durch ein Versagen der Zustimmung ausdrücken müssen, weil die Entscheidung nicht in seiner Macht gestanden hätte. Ebenso hätte er seine Zustimmung natürlich versagen dürfen, wenn er den Beitritt politisch nicht für sinnvoll gehalten hätte – und dies wäre ja auch fast geschehen.

Außenwirkung würde in diesem Falle bedeuten, dass der Bund (genauer gesagt: die Gesamtheit anderen Länder) den Zusammenschluss mit Bayern unter der Voraussetzung eingegangen ist, dass Bayern den Vorbehalt der Freiwilligkeit für sich reklamiert. Da die anderen Länder den entsprechenden Artikel der Bayerischen Verfassung kannten oder zumindest kennen mussten, musste ihnen auch klar sein, dass der Beitritt nicht bedingungslos und absolut erfolgt.

Die Gegenansicht würde sicher darauf abstellen, dass der Bundesvertrag bedingungsfeindlich ist, sich also nicht jeder Gliedstaat beliebige Reservatrecht über die eigene Rechtsordnung sicher kann.

Hätte bspw. das Land Niedersachsen in seine Verfassung aufgenommen, dass es im Bundesrat doppelt so viele Sitze bekommt wie alle anderen Länder, würde dies selbstverständlich nicht bedeuten, dass dem auch tatsächlich so wäre. Da die Länder in Fragen der Bundesverfassung schon denklogisch keine Gesetzgebungskompetenz besitzen, wäre eine solche Regelung nichtig. Hätte das Land unter

D. Recht auf Sezession

Vorliegen dieser Vorschrift dem Grundgesetz zugestimmt, hätten die anderen Länder dies schon nicht als Zustimmung zum Grundgesetz werten dürfen. Denn die Niedersachsen hätten dann ihre Zustimmung nicht zu „diesem Grundgesetz" (Art. 144 Abs. 1 GG), sondern zu einem anderen – nämlich dem mit einer entsprechenden Anzahl von Bundesratssitzen – erklärt.

Die bayerische Ratifizierung des Grundgesetzes wurde jedoch als Zustimmung zum Grundgesetz, wie es vorlag, hingenommen. Und tatsächlich ist diese Zustimmung eine vollständige und unveränderte Zustimmung zum gesamten Grundgesetz mit all seinen Artikeln und Absätzen gewesen. Sie stand nur unter dem Vorbehalt, dass der freie Wille der bayerischen Staatsorgane die Zustimmung auflösend befristet.

Es ist also nicht so, dass die Bayerische Verfassung den anderen Bundesländern etwas aufbürdet, was den Inhalt des Grundgesetzes modifizieren würde. Zwischen den einzigen beiden Möglichkeiten, das Grundgesetz entweder insgesamt abzulehnen oder es insgesamt zu ratifizieren, hat sich Bayern zweifellos für Letzteres entschieden. Nur kann diese Entscheidung in Ersteres umschlagen, wenn der hierfür notwendige freie Wille endet.

Hätten die anderen Länder Bayern ein solches Wahlrecht nicht einräumen wollen, hätten sie die Zustimmung des Freistaats zurückweisen müssen. (Dies ist im Übrigen ein Unterschied zum obigen Niedersachsen-Beispiel, wo schon begrifflich keine Zustimmung vorlag.) Dass die anderen Länder dies nicht getan haben, zeigt, dass sie den Landtagsbeschluss akzeptiert haben. So, wie sie akzeptiert haben, dass der Landtag überhaupt eine solche Entscheidung treffen konnte, haben sie aber auch die rechtlichen Rahmenbedingungen akzeptiert. Insofern muss Bayerns Zustimmung stets im Hinblick auf das gesehen werden, was die Bayerische Verfassung dem Landtag überhaupt zugestand: Einen freiwilligen Zusammenschluss.

D. Recht auf Sezession

g) Ergebnis

Nach all dem wird man also zu dem Ergebnis kommen müssen, dass ein Austritt Bayerns aus mehreren Gründen zulässig ist.

3. Gegenargument: Recht auf territoriale Integrität

Wenn ein Recht auf Sezession besteht, könnte dies trotzdem nicht durchsetzbar sein, wenn ein anderer Rechtsgedanke dem entgegensteht. In der völkerrechtlichen Literatur wird ein Recht auf staatliche Integrität gemeinhin angenommen, oft auch in direktem Gegensatz zum Recht auf Sezession.

Unter dem staatlichen Integritätsinteresse versteht man das Recht derzeit existenter Staaten, als solche bestehen zu bleiben und die Sezession von Staatsteilen nicht anzuerkennen. Das Integritätsinteresse ist also gewissermaßen der Antagonist des Selbstbestimmungsrechts.

Der utilitaristische Ansatz dieser Rechtstheorie lässt sich kaum leugnen: Wenn Staaten miteinander auf internationaler Ebene interagieren, dann gestehen sie sich gerne gegenseitig die Befugnis zu, als Gesamtstaat erhalten zu bleiben. Andernfalls würden sie ihre politischen Partner und auch sich selbst juristisch einengen. Wenn, anders gesagt, die Bundesrepublik ihr Integritätsinteresse gegen die Unabhängigkeit Bayerns ausspielen will, dann ist es für andere Nationen erst einmal pragmatischer, den bewährten Partner Deutschland zu unterstützen als sich auf die bayerische Seite zu schlagen und für die theoretische Chance auf kommende gute Beziehungen die bestehenden zur Bundesrepublik zu riskieren.

Und wenn es die Gesamtstaaten sind, die untereinander internationale Politik machen, dann verwundert es nicht, dass diese auch allgemein das Integritätsinteresse gerne in den Kanon des Völkerrechts aufnehmen. Die KSZE-Schlussakte von Helsinki betont so

D. Recht auf Sezession

auch mehrfach die „territoriale Integrität der Staaten". Es ging dabei allerdings weniger um eine Verfassung des Völkerrechts auf rechtsphilosophischer Ebene als um einen Katalog von Absichtserklärungen zur praktischen Friedenserhaltung.

Beide Prinzipien werden durch die Schlussakte auch keineswegs erfunden, sondern waren im Völkerrecht auch vorher schon anerkannt und wurden nur noch einmal bekräftigt und kodifiziert. Sie bekommen insoweit aus der Spannungssituation des Kalten Kriegs heraus eine eigene Bedeutung, indem sich die Staaten gegenseitig, ob verbündet oder feindlich gesinnt, ihr Existenzrecht zuerkennen. Sie beziehen sich also in erster Linie auf die Abwehr einer von außen kommenden Macht; insoweit sind sich Integrität und Selbstbestimmung näher als man dem antithetischen Ansatzpunkt zunächst entnehmen könnte.

Wenn uns die Begriffsgenese in der KSZE-Schlussakte zu einer Synthese von Integrität und Selbstbestimmung im Bezug auf bestehende Staatsgebilde führt, dann löst dies den Konflikt beider Prinzipien im Verhältnis zwischen Glied- und Bundesstaat, wo sich Integrität der oberen und Selbstbestimmung der unteren Ebene entgegenstehen, noch nicht sofort. Verfolgt man diese Ideen jedoch weiter, so würde dies bedeuten, dass der Gesamtstaat beides für sich beanspruchen kann, der Teilstaat jedoch weder noch: Er ist nicht selbstbestimmt, weil er sich nicht aus der Föderation und damit auch nicht aus der Mitbestimmung anderer Bundesländer lösen kann; und sein Staatsgebiet besteht zwar als geographische Einheit, hat aber jede Bedeutung verloren. Eine solche Herabstufung und derartige Geringschätzung ist zumindest der deutschen Bundesstaatskonzeption völlig fremd.

Aber auch allgemeiner gesprochen vernachlässigt dieses Stufenverhältnis, dass es innerhalb des föderalen Staates aber auch ein inneres „Außen" gibt: Ein Angriff seitens des Gesamtstaates auf seine Glieder wäre nichts anderes als die angemaßte Fremdbestimmung zwischen verschiedenen Staaten, die das internationale Recht auch

D. Recht auf Sezession

schon vor Helsinki ablehnte. Dieses „Außen" mag freilich eine andere Qualität haben. Aber beide Konstellationen drehen sich um dieselbe Systematik aus Integrität und Selbstbestimmung. Auch der Teilstaat muss also, wenn man wenigstens seine rudimentäre Staatlichkeit anerkennen will, zumindest die Möglichkeit zur Abwehr von Angriffen des Zentralstaats haben.

Dieses „defensive Selbstbestimmungsrecht" ist wohl auch durchaus anerkannt. Ein aktives, auf Sezession gerichtetes Recht dagegen räumt die wohl überwiegende Meinung des Völkerrechts einem Teilvolk nur für den Fall einer tiefgreifender Diskriminierung und eines Ausschlusses vom demokratischen Prozess ein. Wenn also ein Volk einfach nur in der Minderheit ist und von seinen Bundesbrüdern zwar demokratisch, aber dennoch permanent überstimmt wird, hat es kein Recht auf einseitige Loslösung. Und wenn die Föderation auf diese formell korrekte Weise ihre eigenen Befugnisse zu Lasten der Glieder immer weiter ausdehnt, dann könnten sich diese demnach nicht aus der Umklammerung befreien.

Das wirft dann schließlich die Frage auf, wo denn der Unterschied zwischen einer außer- und einer innerföderalen Einmischung liegen soll. Einen solchen könnte man nur annehmen, wenn man – wie oben bereits ausgeführt – die Staatlichkeit des Teilstaats völlig im Gesamtstaat aufgehen lassen würde. Der Teilstaat hätte sich damit enteignet, Selbstbestimmungs- und Integritätsrecht würden dabei zentralisiert, mit der Folge, dass der Angriff eines ausländischen Staates auf ein Teilgebiet nur durch die Föderation abwehrbar wäre, nicht aber durch die Betroffenen selbst. Dem Teilstaat würde nicht einmal Unrecht geschehen, wenn der Gesamtstaat ihn verkaufen oder sonst einem anderen Staat einverleiben würde. Sogar das defensive Selbstbestimmungsrecht bekäme damit einen neuen Adressaten, taugt also nicht einmal als Minimalgarantie.

Diese Theorie ist nunmehr wohl ausreichend ad absurdum geführt. Nicht völlig abwegig ist jedoch die These, dass das

D. Recht auf Sezession

Selbstbestimmungs- nur eine Art Notrecht darstellt: Die sezessionswillige Region wurde ja in irgendeiner Form in den umgebenden Staat geführt und hat somit bewusst seine Rechte aufgegeben. Wenn sie das – unveräußerliche – Selbstbestimmungsrecht ausüben will, dann muss sie dafür Schadenersatz leisten. Der Gesamtstaat hat dies hinzunehmen, kann jedoch eine Rechnung dafür ausstellen („dulde und liquidiere").

Denn sie setzt, indem sie überhaupt einen Schaden annimmt, ein monetäres und nicht nur, wie im Integritätsinteresse, moralisches Interesse des Gesamtstaates am Erhalt aller seiner Teile voraus. Insoweit ist die Frage nach der Natur dieses Interesses auch jenseits der – zu verneinenden – Frage des Schadensersatzanspruchs relevant.

Dieses Interesse kann zum einen ein Planungsinteresse sein. Der Staat braucht ein gewisses Vertrauen auf die Stabilität des derzeit bestehenden Gefüges. Nur so kann er Entscheidungen treffen, die auch morgen noch Bestand haben. Dem muss man entgegenhalten, dass ein Austritt nicht aus dem Nichts heraus und ohne Vorlauf geschieht. Wenn der sezessionswillige Teil eine gewisse Frist einhält, dann kann sich der zurückbleibende Reststaat auf die neue Situation einstellen – so, wie es in der Tagespolitik bei Neuerungen in sozialer, wirtschaftlicher oder wissenschaftlicher Hinsicht geschieht.

Denkbar wäre auch ein Machtinteresse des Staates. Die internationale Position eines Landes ist in hohem Maße von seiner Bedeutung in vielerlei Hinsicht abhängig, die durch jede Verkleinerung Schaden nehmen würde. Dem muss entgegengehalten werden, dass der Ausbau der Machtposition des Gesamtstaates dann gerade durch völlige Ausschaltung jeglicher zwischenstaatlicher Bedeutung der Teilstaaten geschieht. Das Interesse nach überhaupt stattfindender Repräsentation überwiegt wohl sogar den Anspruch auf quantitativen Machterhalt.

Das ökonomische Interesse wäre auf die Nutzung der Ressourcen des Gebietes sowie auf die Steuern der betreffenden Bürger

D. Recht auf Sezession

gerichtet. Würde man das bejahen, dann wäre dies wiederum eine völlige Preisgabe jeder Integrität des Teilstaats. Dieser würde in dieser Anschauung zum Objekt der Ausbeutung durch die Zentralregierung – ein Zustand, der möglicherweise sogar das defensive Selbstbestimmungsrecht auslösen würde.

Das Argument der Friedenssicherung kann zumindest als durch die Praxis überholt gelten. Das Geschehenlassen der Sezession ist jedenfalls der unblutigere Weg gegenüber dem oft jahrzehntelangen Scharmützel von Aggression und Repression.

Möglicherweise kann sich eine – präsumptiv demokratisch – gewählte Staatsmacht auf den Volkswillen stützen. Sie ist aus Wahlen im gesamten Land hervorgegangen und kann damit Geltung auch im gesamten, ungeschmälerten Land beanspruchen. Dies verkennt aber bspw. die Sezession der amerikanischen Südstaaten, die gerade aufgrund eines geographisch höchst gespaltenen Wahlergebnisses ihre Unabhängigkeit erklärten. Zum anderen stellt das Argument die in der Sache weiter entfernte (und häufig genug exterritoriale) Zentralgewalt über die Regionalgewalt. Die Staatsmacht, ob nun eine allgemein akzeptierte Verfassung, eine gewählte Volksvertretung oder eine Regierung, ist zudem nur funktional in ihrem Wirkungsbereich eingesetzt und mit der Frage der Unabhängigkeit nicht weiter befasst. Wenn nun der regional und sachlich spezifische Wille nach Eigenstaatlichkeit vorhanden ist, wie kann dann eine allgemeinpolitisch begründete und gesamtstaatliche Abstimmung dem vorgehen?

Erhaltung des Status quo: Im Recht hat grundsätzlich der bestehende Zustand im Zweifel die Vermutung der Richtigkeit für sich. Wer eine Sache, die sich im Besitz eines anderen befindet, für sich will, braucht einen Anspruch und muss diesen beweisen. So kann man auch begründen, daß ein bestehender Staat keine Rechtfertigung für sich braucht. Jedoch ist dieser Zustand nicht sakrosankt. Mehrheiten ändern sich, Rahmenbedingungen ändern sich und überhaupt ändert sich auch das Verhältnis der Staaten zueinander. Dass ein einmal erfolgter Beitritt,

D. Recht auf Sezession

gleich einem unkündbaren Vertrag, für alle Ewigkeit Geltung beanspruchen können soll, würde die Realpolitik ausblenden. Wie könnte sich ein Volk aus Bürgern natürlich begrenzter Lebensdauer oder gar eine Regierung mit gesetzmäßig zeitlich begrenztem Mandat anmaßen, für alle Zeiten eine Entscheidung zu treffen, die alle Nachfolgenden bindet? Welche Vereinbarung Gliedstaat und Bund auch geschlossen haben, sie kann nur innerhalb der Handlungsbefugnis der Beteiligten geschehen sein. Es gibt kein Recht, über seine eigene Wirkungsspanne hinaus Festlegungen zu treffen. Es gibt kein Recht für den so gebildeten, vergänglichen Staat auf ewiges, unverändertes Bestehen; und wenn dem Status quo ein wirksam ausgeübtes Selbstbestimmungsrecht entgegensteht, dann wird er eben reformiert.

Wenn man nach all dem überhaupt ein Integritätsinteresse des Staates annehmen will, dann ist auch dieses nur eine Vermutung, die durch qualifizierte demokratische Willensäußerung (und auf die will ja kaum ein Separatist verzichten) entkräftet werden kann. Das Recht eines Staates, sich mit keiner Änderung abfinden zu müssen, ist jedenfalls nicht beachtlicher als das Recht einer Regierung, wiedergewählt zu werden: Wenn der Volkswille anderes wünscht, dann kann er sein Souveränitätsrecht dahingehend ausüben.

E. Ergebnis

Das Recht auf Sezession ist – wie auch immer man es im Einzelnen und in Einzelfällen begründen mag – mit dem Demokratieprinzip eng verbunden. Die Versuche, es wegzudefinieren oder in die Illegalität zu reden, halten einer juristischen Nachprüfung im Endeffekt nicht stand.

Die Separation von Landesteilen mag politisch freilich oft unerwünscht sein, die rechtliche Ebene hat dies nicht zu interessieren. Im Gegenteil, es ist gerade die Aufgabe der Juristerei, sich hier neutral zu verhalten. Die tatsächlich entscheidende Instanz ist das Volk.

Und wenn ein Volk in die Freiheit strebt, wird man ihm dies nicht verwehren können. Es liegt freilich an den Bürgern, ihr Sezessionsrecht weise wahrzunehmen – so, wie jeder Staatsbürger seine demokratischen Rechte mit Bedacht verwenden sollte.

www.ingramcontent.com/pod-product-compliance
Lightning Source LLC
Chambersburg PA
CBHW051818170526
45167CB00005B/2069